资本运作一本通

策略、设计、案例、实操全案

张明亮 ◎ 著

中国商业出版社

图书在版编目（CIP）数据

资本运作一本通：策略、设计、案例、实操全案 / 张明亮著. -- 北京：中国商业出版社，2025. 3.
ISBN 978-7-5208-3320-2

Ⅰ．F830.59

中国国家版本馆 CIP 数据核字第 2025EC1721 号

责任编辑：郑　静
策划编辑：刘万庆

中国商业出版社出版发行
（www.zgsycb.com　100053　北京广安门内报国寺 1 号）
总编室：010-63180647　　编辑室：010-83118925
发行部：010-83120835/8286
新华书店经销
香河县宏润印刷有限公司印刷

*

710 毫米 ×1000 毫米　16 开　14.5 印张　180 千字
2025 年 3 月第 1 版　2025 年 3 月第 1 次印刷
定价：88.00 元

****

（如有印装质量问题可更换）

前 言

巨量资本是运作出来的

在波澜壮阔的全球经济版图中，资本如同一股洪流，塑造着市场的格局，驱动着产业的变革，甚至影响着国家的经济命脉。这些庞大而复杂的资金流动，并非自然形成或偶然所得，而是智慧与策略交织、创新与风险并存的深度运作结果。本书旨在深入剖析这一复杂而迷人的过程，揭示资本背后的运作逻辑、关键要素及外部因素可能产生的深远影响。

在人类社会的每一个发展阶段，资本都扮演着至关重要的角色。从原始社会的物物交换，到现代金融市场的复杂交易，资本作为价值的载体，不断推动着生产力的进步和社会的发展。

当谈及"巨量资本"时，我们往往会联想到那些能够翻云覆雨、影响行业格局乃至国家经济命脉的庞大资金力量。巨量资本以其惊人的规模、深远的影响力和高效的资源配置能力，成为连接过去与未来、微观与宏观的桥梁。它们不仅能够迅速聚集资源，加速技术创新和产业升级，还能在危急时刻挺身而出，成为稳定市场的中流砥柱。

然而，巨量资本并非从天而降，由资本运作发展出巨量资本，其形成与运作背后，是无数智慧与勇气的结晶，是对市场深刻洞察与精准判断的体现。在这个过程中，无数企业家、投资家、银行家等角色纷纷登场，他们凭借敏锐的市场洞察力、深厚的行业知识以及高超的资本运作技巧，共同编织了一幅幅波澜壮阔的资本图谱。

1. 运作之基：战略视野与顶层设计

资本的运作，首先离不开高瞻远瞩的战略视野和精心设计的顶层架构。战略视野是指引方向的灯塔，要求决策者具备全球视角，能够准确判断经济趋势、技术发展方向及政策走向，从而制定出符合时代潮流和自身实际的战略规划。顶层设计则是实现战略议题的蓝图，包括组织架构、运营模式、风险管理机制等多个方面，需要综合考虑内外部环境、资源禀赋、竞争优势等因素，确保资本在运作过程中既能保持灵活性，又能有效控制风险。

2. 核心驱动力：创新与变革

在快速变化的市场环境中，创新与变革是资本持续增值的关键驱动力。创新不仅体现在技术创新、产品创新上，更体现在商业模式、管理模式乃至思维模式的全方位创新上。通过不断推陈出新，企业能够创造新的增长点，开辟新的市场空间，从而吸引更多的资本流入。同时，变革也是必不可少的，要求企业勇于打破常规，挑战自我，通过重组、并购、剥离等手段不断优化资源配置，提高运营效率，实现资本价值的最大化。

3. 金融杠杆：放大效应与风险控制

金融杠杆是资本运作中不可或缺的工具。通过合理的杠杆操作，企业能够以小博大，放大投资收益，但同时也必须面对相应的风险。因此，如何有效利用金融杠杆，实现风险与收益的平衡，成为资本运作的重要课题。这要求企业具备精湛的金融操作技巧、完善的风险管理机制以及高度的风险意识，确保在追求收益的同时，能够有效控制风险，避免因盲目扩张或过度投机而导致的损失。

4. 人才与团队：核心竞争力的源泉

资本的运作离不开优秀的人才和高效的团队。在知识经济时代，人才

前　言

是企业最宝贵的资源，也是形成核心竞争力的关键所在。一支由行业专家、金融精英、管理高手等组成的多元化团队，能够为企业提供全方位的智力支持，如财务分析、税务筹划、法律事务等方面，确保决策的科学性和有效性。因此，团队之间的协作与沟通也是至关重要的，能够促进信息的快速传递和资源的有效整合，提高整体运作效率。

随着全球经济一体化的深入发展和科技革命的加速推进，资本的运作必将面临更加复杂多变的环境和更加严峻的挑战。然而，正是这些挑战孕育着新的机遇和可能。未来，资本的运作将更加注重创新驱动、跨界融合、生态构建和国际化布局，以更加开放包容的姿态拥抱变革，推动全球经济的持续发展与繁荣。同时，我们也期待看到更多有责任感、有担当的企业家和投资者，携手共创一个更加美好、可持续的未来。

本书正是基于这样的背景和愿景而撰写的。我们希望通过本书，能够为广大读者提供一个深入了解资本运作的窗口，激发更多人对于资本运作的兴趣与思考，共同探索资本的力量与魅力所在。

本书不仅是对资本形成与运作机制的深入剖析，更是对商业智慧与勇气的颂歌。在这个充满变数的时代，资本作为推动社会经济发展的重要力量，其背后的每一个决策、每一次投资都凝聚着无数人的心血与智慧。本书希望通过深入浅出的分析和生动的案例呈现，为读者揭示资本运作的奥秘和魅力所在，同时也希望激发更多人对商业世界的思考和探索。

在这个充满机遇与挑战的舞台上，每一个梦想都值得被尊重和追求。让我们携手共进，以智慧和勇气为笔，书写属于自己的商业传奇。当然，资本虽是运作出来的，但更离不开每一位参与者的辛勤付出和不懈追求。愿本书能成为你前行路上的一盏明灯，照亮你通往成功的道路。

目 录

设计篇　实现资本创利最大化

第一章　"企运"在于资本 / 2
企业面临的资本失衡问题 / 2

围绕企业核心能力进行资本运作 / 6

最佳现金流激发企业活力 / 8

以资本最大限度增殖为资本运作目的 / 11

拥有更多资本的三个步骤 / 13

第二章　资本的内稳态结构 / 17
股权与债务比例 / 17

成本与风险平衡 / 19

现金流与偿债能力 / 22

市场环境与需求 / 25

资本结构调整的策略与时机 / 28

第三章　资本运作的全局设计 / 31
资本运作团队组建与管理 / 31

资本运作项目策划与执行 / 34

资本运作过程沟通与协调 / 38

资本运作的时间管理与进度控制 / 41

资本运作的成本控制与预算管理 / 44

资本运作的效果评估与持续优化 / 47

实操篇　打造资本密集体

第四章　并购中的资本迁移 / 52

并购整合：获得目标企业控制权的产权交易活动 / 52

资产置换：用暂时无用资产置换企业未来发展所需的资产 / 55

吸收股份：吸收目标企业的净资产作为股金 / 58

以债权换股权：转换目标企业的不良债权为股权 / 61

合资控股：与目标企业各自出资组建新法人单位 / 64

杠杆收购：利用目标企业的经营收入支付兼并价金 / 67

第五章　融资中的资本战争 / 72

内部融资：通过内部积累的资金支持经营与扩张 / 72

股权融资：通过发行股票、配股、增发新股等方式筹集资金 / 75

债权融资：通过向债权人借款或发行债券等方式筹集资金 / 78

项目融资：企业以项目的未来收益为预期筹集资金 / 80

抵押融资：企业将财产用作抵押获得贷款 / 83

贸易融资：企业支持进出口贸易活动而进行的短期资金融通 / 86

政策融资：企业利用政府政策获得资金支持 / 89

第六章　投资中的资本博弈 / 93

股权投资：分享目标企业的经营成果和增长潜力 / 93

债权投资：通过债权人身份获得定期收益 / 96

风险投资：承担较高风险以换取未来可能的高回报 / 99

投资控股：通过投资将目标企业改组为子公司 / 101

组合投资：平衡不同投资的风险和收益 / 105

跨国投资：企业在国际市场上进行的直接投资活动 / 107

战略联盟：优势相长、风险共担、多向流动的网络组织 / 111

第七章　整合与重组中的资本循环 / 115

资产剥离：将不适合企业发展的资产出售给第三方 / 115

股份切割：将现有股份拆分为更小的单位 / 118

公司分立：将子公司从母公司的经营中分离出去 / 120

分拆上市：将部分业务从母公司独立出来单独上市 / 124

股份回购：合理进行股本收缩的内部资产重组行为 / 127

第八章　内变与优化中的资本流动 / 130

管理层收购：管理层通过自筹资金或外部融资购买企业股权 / 130

员工持股计划：增加企业内部融资，减少对外融资的依赖 / 133

股权置换：实现股权结构的调整和优化 / 136

股票期权：调整其股权结构，降低财务成本 / 138

溢价回购：增加每股收益，提高企业财务表现 / 141

交换发盘：企业向特定投资者发出交换要约 / 144

合规篇 加强资本运作管理

第九章 通过风险管理穿越资本迷雾 / 150

充分识别和理解潜在风险因素 / 150

评估每个风险的概率和影响程度 / 153

制定有效的风险应对策略 / 155

做好操作中风险的防控 / 158

对风险因素进行动态感知与跟踪 / 162

第十章 借助财务分析选对资本赛道 / 165

资金流量分析 / 165

财务报表分析 / 167

财务比率分析 / 175

资金运作效率分析 / 178

经济增加值分析 / 181

市场增加值分析 / 184

第十一章 依托税务筹划增强资本弹性 / 188

企业并购重组中的税收筹划 / 188

选择出资方式的税收筹划 / 192

选择融资方式的税收筹划 / 194

企业分立中的税收筹划 / 197

股权转让中的税务筹划 / 199

国际资本运作中的税务筹划 / 203

第十二章　运用法律实务提升企业效率 / 206

在法律框架下达到合规要求 / 206

审核法律尽调报告 / 208

审核、拟定交易协议 / 211

维护知识产权不受侵犯 / 215

建立争议解决机制 / 217

设计篇
实现资本创利最大化

第一章 "企运"在于资本

企业面临的资本失衡问题

在快速发展的市场经济环境中，企业作为经济活动的主体，其经营状况直接关乎到整个经济的稳定性和可持续性。然而，随着企业规模的扩大和市场环境的复杂化，资本失衡问题日益凸显，成为制约企业健康发展的关键因素之一。

资本失衡是企业在资本运作过程中，由于各种原因导致的资本结构不合理、资本配置效率低下或资本利用不充分等问题。具体而言，资本失衡可表现为以下几个方面。

首先是流动资产与固定资产比例失衡。流动资产与固定资产是企业资产结构的重要组成部分，二者之间的比例关系直接影响企业的运营效率和财务稳健性。一方面，如果流动资产过多，可能导致资金闲置，降低资本利用效率；另一方面，如果固定资产占比过高，特别是非生产性固定资产过多，就会挤占流动资金，增加企业的财务负担，影响日常运营和偿债能力。在我国，由于长期以来的融资结构和资本结构特点，企业往往依赖于银行贷款等间接融资方式，导致短期融资多用于流动资产，而长期融资则主要用于固定资产投资，这种融资方式在一定程度上加剧了流动资产与固定资产的比例失衡。

其次是资本结构不合理。资本结构是企业各种资本的构成及其比例关系，主要包括股权资本和债务资本的比例。合理的资本结构能够降低企业的融资成本，提高资本利用效率，增强企业的抗风险能力。然而，在实际操作中，许多企业由于融资渠道单一、股权结构不合理等原因，导致资本结构失衡。例如，一些企业由于"一股独大"，难以形成有效的公司治理结构，导致企业决策效率低下，资本利用效率不高。此外，一些企业盲目追求规模扩张，大量举债经营，使得债务负担过重，财务风险加大。

最后是物质资本与人力资本比例失衡。物质资本和人力资本是企业发展的两大支柱，二者之间的协调关系对于企业的长期发展至关重要。然而，在现实中，许多企业往往过度投资于物质资本，而忽视了人力资本的投资和积累。这种做法不仅会导致物质资本利用效率低下，还会因为缺乏高素质人才而影响企业的创新能力和市场竞争力。尤其是在当前知识经济时代，人力资本的重要性日益凸显，物质资本与人力资本的比例失衡将严重制约企业的可持续发展。

当前，我国的产业结构还存在同构化、小型化、专业化程度低等问题，导致各地区产业结构趋同，企业大而求全、小亦求全的现象普遍存在。这种产业结构问题不仅造成了资源的浪费和重复建设，还加剧了企业之间的竞争压力，使得企业在资本运作过程中难以形成有效的竞争优势和差异化发展策略。

为了打破旧的产业结构对企业发展的限制，我国企业更需要进行融资，以进行正确且必需的产业发展升级。这就进一步要求，企业必须拓宽融资渠道，逐步扩大直接融资规模，让企业在资本运作过程中不断提升灵活性与自主性。

为了降低企业资本失衡的可能性，我国已经逐步调整了过往对某些行业过度干预和管制的状态，允许市场可以充分竞争，提高资源配置效率。同时，提升金融市场的监管力度，降低企业融资难度。并且完善社会保障制度，并加强人才发展与流动，让企业在人力资本投资上越发坚定与获得收益。

由此可见，企业作为市场经济的微观主体，其经营状况直接关乎到整个社会的稳定和经济的发展。资本失衡不仅会导致企业自身经营困难甚至破产倒闭，还会引发一系列社会问题，如失业、债务危机等。同时，由于企业之间的相互关联和依赖关系，一家企业的资本失衡还可能引发连锁反应，对整个行业乃至整个经济造成冲击。因此，必须采取正确的措施，企业经营管理者必须在自身层面管理并运营好资本。具体建议如下：

（1）拓宽融资渠道。企业应积极拓宽融资渠道，降低对单一融资方式的依赖。除了传统的银行贷款外，企业还可以通过发行债券、股票上市、引入风险投资等多种方式筹集资金。同时，政府也应加强金融市场的建设和完善金融监管制度以支持企业多元化融资需求。

（2）优化资本结构。企业应通过合理的财务规划和资本运作手段优化资本结构。一方面，根据自身的经营状况和发展需求，合理确定股权资本和债务资本的比例，包括通过股权融资、债务重组、债券发行等多种方式调整资本结构，以实现最佳的资本成本组合，确保企业既能有效利用财务杠杆效应，又不至于陷入过高的财务风险。另一方面，企业应关注长期资本与短期资本的配置，确保有足够的流动资金支持日常运营，同时利用长期资本支持战略投资和扩张。

（3）加强人力资本投资。企业应加大在员工培训、人才引进和激励机制建设等方面的投入，提高员工的专业技能和创新能力，为企业发展注入源源不断的动力。同时，企业还应建立健全的人才管理体系，包括绩效考核、晋升机制、薪酬福利等，以吸引和留住优秀人才，形成稳定高效的人才队伍。

（4）推动产业升级与转型。面对产业结构问题，企业应积极推动产业升级与转型，通过技术创新、管理创新和市场创新等方式，提升产品附加值和市场竞争力。政府正在加大对新兴产业和转型升级企业的支持力度，提供政策优惠和资金扶持，引导企业向高端化、智能化、绿色化方向发展。

（5）完善公司治理结构。企业应建立健全的股东会/股东大会、董事会、监事会和经理层等治理结构，明确各自的职责和权限，形成有效的制衡机制，有利于更加科学、民主地做出决策，提高资本运作的效率。同时，企业应注重股东权益保护，加强信息披露和透明度建设，提高投资者的信心和信任度。

（6）加强风险管理。企业应加强风险管理意识，建立健全的风险管理体系和内部控制机制。包括但不限于定期对财务状况进行评估和预测、制定风险应对策略和应急预案、加强内部审计和监督等。通过加强风险管理，企业可以及时发现和应对潜在的财务风险，保障企业的稳健运营和可持续发展。

总之，企业面临的资本失衡问题是一个复杂而严峻的挑战。要解决这一问题，需要企业从多个方面入手，包括拓宽融资渠道、优化资本结构、加强人力资本投资、推动产业升级与转型、完善公司治理结构和加强风险管理等。同时，政府也应发挥积极作用，提供政策支持和引导，为企业解决资本失衡问题创造良好的外部环境和条件。只有这样，企业才能实现健康、稳定和可持续的发展。

围绕企业核心能力进行资本运作

企业如何在复杂多变的市场环境中保持并提升竞争力，是每位企业领导者必须面对的重要课题。资本运作作为企业管理中的重要一环，其有效性和精准性直接关系到企业的生存与发展。本文将从企业核心能力的角度出发，探讨如何围绕核心能力进行资本运作。

企业核心能力，是企业在长期经营过程中积累形成的、难以被竞争对手模仿和替代的、能够为企业带来持续竞争优势的能力。通常包括技术创新能力、品牌影响力、管理效率、市场拓展能力等多个方面。企业核心能力是企业生存和发展的基础，也是企业进行资本运作的核心依据。

在市场竞争中，拥有强大核心能力的企业更容易获得市场份额、提高产品附加值、增强客户忠诚度，从而在激烈的市场竞争中脱颖而出。因此，企业在进行资本运作时，必须紧紧围绕核心能力进行，以确保资源的优化配置和最大化利用。下面就来详细阐述围绕企业核心能力进行资本运作的策略。

（1）明确核心能力定位。企业在进行资本运作前，首先要明确自身的核心能力定位，包括对企业现有资源的评估、市场需求的调研以及竞争对手的分析等多个方面。通过深入了解自身的优势和劣势，企业可以更加准确地把握自己在市场中的位置，从而制定出更加符合实际的资本运作策略。

（2）优化资源配置。围绕核心能力进行资本运作，意味着企业要将有限的资源优先投入能够增强核心能力的领域，包括研发投入、人才引进、市场营销等多个方面。通过优化资源配置，企业可以确保核心能力的持续提升，从而在市场竞争中占据更有利的位置。

（3）实施并购与战略联盟。并购与战略联盟是企业快速获取外部资源、提升核心能力的有效途径。在并购过程中，企业可以通过收购具有核心技术的公司或品牌，快速增强自身的技术实力或品牌影响力。同时，与具有互补优势的企业建立战略联盟，可以实现资源共享、优势互补，共同提升市场竞争力。

（4）创新资本运作方式。随着市场环境的变化，传统的资本运作方式已难以满足企业发展的需要。因此，企业需要不断创新资本运作方式，以适应新的市场形势。例如，通过股权融资、债券发行、资产证券化等多种方式筹集资金，以满足企业扩张或转型升级的需求。同时，企业还可以利用金融衍生品等工具进行风险管理，确保资本运作的稳健进行。

微软（Microsoft）成立于1975年，初期主要致力于计算机编程语言的开发和销售。随着市场的不断发展，微软逐渐意识到操作系统的重要性，并将其作为公司的核心能力进行重点培育。在此过程中，微软通过持续的研发投入和市场营销努力，成功推出了MS-DOS和Windows等操作系统产品，确立了在全球操作系统市场的领先地位。

为了进一步增强自身的核心能力，微软积极开展并购与战略联盟活动。例如，在20世纪90年代初，微软通过收购Netscape的浏览器技术，成功进入了互联网领域，并推动了其操作系统的进一步普及。此外，微软还与众多硬件制造商建立了紧密的合作关系，共同推广其操作系统和办公软件产品，实现了市场的快速扩张。

在资本运作方面，微软也展现出了高度的创新性和灵活性。例如，在20世纪90年代末，微软通过发行债券和股票回购等方式筹集了大量资金，用于公司的研发投入和市场扩张。同时，微软还充分利用金融衍生品等工具，以确保公司财务的稳定和可持续发展。

微软始终将资源优化作为资本运作的重要一环。在研发投入方面，微软坚持将大部分资金投入具有战略意义的核心技术领域，如云计算、人工智能等。同时，微软还注重人才的引进和培养，通过设立研究院、开展技术交流等方式，不断提升公司的技术实力和创新能力。

微软的成功实践为我们提供了宝贵的经验和启示。在未来的发展中，我国企业应更加注重核心能力的培养和资本运作的精准性，以应对更加复杂多变的市场环境。

最佳现金流激发企业活力

现金流被誉为企业的"生命线"，是衡量企业经营健康状况的重要指标，直接关系到企业的生存与发展。良好的现金流管理不仅能确保企业日常运营的顺利进行，还能为企业投资、扩张和创新提供坚实的资金支撑。

对于任何一名企业经营者而言，现金流的重要性都是不言自明的。企业的日常运营，包括采购原材料、支付员工薪酬、缴纳税费等，都需要现金的支持。如果现金流不足，这些基本运营活动将难以为继，将严重影响企业的正常生产和服务提供。而且，市场环境充满变数，企业随时可能面临各种突发情况，如市场需求下降、原材料价格上涨、政策变动等。充足的现金流能够帮助企业应对这些不确定性，减少经营风险。此外，企业的长远发展离不开战略投资，如新产品研发、市场拓展、并购重组等。这些投资活动都需要大量资金，良好的现金流能够为企业提供必要的资金支持，助力企业实现战略目标。

既然现金流对于企业的日常经营、应对变数和长远发展有着不可替代的作用，企业就应该想尽办法做好现金流的管理，让这条"生命线"永远保持生命活力。下面就来具体看看优化现金流管理的策略。

首先是加强收入管理，包括三个方面的工作。

（1）加快应收账款回收：建立高效收款机制，缩短应收账款周转天数，提高资金使用效率。

（2）提升产品竞争力：不断创新和优化产品，提高客户满意度和忠诚度，增加销售收入。

（3）多元化销售渠道：开拓新的销售渠道和市场，降低对单一客户的依赖，增强收入来源的稳定性。

其次是精细成本控制，包括三个方面的工作。

（1）实施全面预算管理：将成本控制贯穿企业运营全过程，通过预算控制各项费用支出。

（2）优化供应链管理：与供应商建立长期稳定的合作关系，降低采购成本；优化库存管理，减少资金占用。

（3）采用精益生产：持续改进生产流程，减少浪费，提高生产效率，降低成本。

最后是合理利用财务工具，包括三个方面的工作。

（1）短期融资：利用银行贷款、商业信用等短期融资工具，解决短期资金缺口。

（2）现金流预测：建立现金流预测模型，提前规划资金需求和来源，确保资金链顺畅。

（3）风险管理：利用保险、期货等金融工具对冲市场风险和汇率风险，保障企业资产安全。

宜家（IKEA）作为全球知名的家居用品零售商，其成功的背后离不开卓越的现金流管理。

宜家在全球范围内建立了高效的供应链管理体系，与供应商建立了长期稳定的合作关系。通过集中采购和全球化采购策略，降低采购成本，提高采购效率。宜家还注重与供应商共享信息，实现供应链的透明化和协同化，确保供应链的顺畅运行。这种高效的供应链管理降低了宜家的库存成本，提高了资金的使用效率。

宜家以其独特的"平板包装"和"DIY"理念而闻名，这种理念也深刻影响了其库存管理策略。宜家通过精细的库存管理，实现了库存周转率的显著提升。一方面，宜家采用"先销后补"的库存管理模式，根据市场需求和销售预测安排库存补货，避免了库存积压和资金占用；另一方面，宜家通过优化仓储布局和物流配送体系，提高了库存周转速度和物流配送效率，进一步降低了库存成本。这种精细的库存管理策略提高了宜家的资金利用率，增强了其市场响应能力。

宜家还非常注重财务规划的稳健性。在制订财务计划时，宜家会充分考虑市场环境的变化和企业自身的发展需求，制订科学合理的资金预算和融资计划。同时，宜家建立了完善的现金流预测模型，通过对未来一段时间内的资金流入和流出进行预测和分析，确保企业现金流的充足和稳定。此外，宜家也很注重风险管理，通过多元化投资、保险等方式降低经营风险和市场风险。

现金流是企业生存与发展的关键要素之一。通过加强收入管理、精细成本控制、合理利用财务工具等措施，宜家优化现金流管理，提高资金使用效率和市场竞争力。宜家的这些经验，如何被其他企业借鉴才能激发自身活力呢（见图1-1）？

虽然宜家的现金流管理经验具有独特性，但其他企业仍可以从中汲取灵感并进行创新。但企业在借鉴中，应结合自身的实际情况和市场环境进行创新，形成具有自身特色的现金流管理模式。希望更多企业能够从中受益，不断优化自身的现金流管理实践，让企业走上永不缺钱的康庄大道。

1. 在企业文化中深深植入现金流意识。从高层管理者到基层员工，每个人都认识到现金流对企业的重要性，并在日常工作中积极践行
2. 利用数字化技术提升现金流管理的效率和精准度。包括构建数字化供应链平台、采用ERP系统整合财务和业务数据、利用大数据分析预测市场趋势等措施
3. 将可持续发展理念融入现金流管理中。通过采用环保材料、推广绿色家居理念、实施节能减排措施等方式，降低了运营成本，提升了品牌形象和市场竞争力
4. 具备高度的市场敏感性和灵活性。面对市场变化，能够迅速调整产品策略、价格策略、营销策略等，以灵活应对市场变化带来的挑战和机遇

图1–1　宜家现金流管理的经验借鉴

以资本最大限度增殖为资本运作目的

资本运作的核心目标在于实现资本的最大限度增殖，通过一系列精心设计的策略与行动，促使企业资本在流动中不断增殖，从而为企业创造更大的经济价值和社会价值。

资本运作的本质在于通过优化资源配置、提高资产使用效率、降低运营成本等方式，实现企业资本的增殖。这一过程不仅涉及资金的筹集、运用和回收，更涵盖了对企业内外资源的整合与重构，以实现企业价值的最大化。

资本运作若想实现最终目标——资本的最大限度增殖，企业就必须在确保日常运营稳健的同时，积极探索新的增长点，通过投资、并购、重组等各种方式，不断优化资本结构。资本运作的主要策略如下。

（1）多元化投资策略。通过投资于不同领域、不同行业，企业可以降低对单一市场或单一产品的依赖，增强抗风险能力。同时，多元化投资还

能为企业提供新的增长点，推动企业实现跨越式发展。

（2）并购重组策略。通过并购同行业或相关行业的优质企业，企业可以快速获取市场份额、技术专利、人才资源等关键要素，提升自身竞争力。同时，通过重组内部资源，企业可以优化业务结构、提高运营效率，实现资本的最大化利用。

（3）资本运作与价值链重构。企业通过资本运作实现资源的优化配置和重组，进而推动价值链的重构和优化。这一过程不仅有助于提升企业的核心竞争力，还能促进企业实现产业链的延伸和拓展，形成更为完整的产业生态系统。

以下以万科集团为例，分析其如何实现资本的最大限度增殖。首先，万科集团在资本运作中注重多元化投资布局，除了房地产专业外，还积极布局物业服务、商业地产、长租公寓、物流仓储等多个领域。这种多元化的投资策略不仅分散了经营风险，还为企业带来了新的增长点。例如，万科旗下的物业服务品牌"万科物业"，已经成为国内物业服务行业的标杆企业，为万科带来了稳定的现金流和品牌溢价。

其次，万科集团通过并购重组实现了快速规模扩张。在发展过程中，万科积极寻求并购机会，通过收购同行业或相关行业的优质企业，迅速扩大市场份额和影响力。例如，万科曾收购南都房产等企业，进一步巩固了其在华东地区的市场地位。同时，万科还通过引入战略投资者、发行债券等方式筹集资金，为并购重组提供了有力支持。

再次，万科集团在资本运作过程中注重与价值链重构的结合。通过优化资源配置和重组内部业务结构，万科推动了房地产产业链上下游的协同发展。例如，万科与多家知名建筑设计院、施工单位建立长期合作关系，共同打造高品质的房地产项目。同时，万科还积极布局商业地产领域，通过持有并运营优质商业物业，实现了房地产产业链的延伸和拓展。这些举措不仅提升了万科的核心竞争力，还促进了整个房地产产业链的协同发展。

最后，在资本运作过程中，万科集团注重精细化管理和成本控制。通过引入先进的管理理念和技术手段，实现了对房地产开发全流程的精细化管理。同时，万科还通过优化采购渠道、降低材料成本、提高施工效率等方式，有效控制了项目开发成本。这种精细化管理和成本控制的能力为万科的资本运作提供了有力支持，确保了资本的最大化利用和增殖。

综上所述，以资本最大程度增殖为目标的资本运作策略，是企业实现可持续发展的重要手段。通过多元化投资、并购重组、价值链重构以及精细化管理与成本控制等策略的运用，企业可以不断提升自身竞争力和市场地位，实现资本的最大化利用和增殖。万科集团的案例充分展示了这些策略在实际操作中的可行性。未来，随着市场环境的不断变化和企业自身发展的需要，资本运作策略也将不断演进和创新，为企业创造更加广阔的发展空间。

拥有更多资本的三个步骤

资本是企业发展的血液，是推动创新、扩大规模、实现战略目标的基石。对于任何一家企业而言，拥有更多资本不仅意味着更强的抗风险能力，也意味着更多的发展机会和更高的市场地位。本节旨在探讨企业如何通过三个关键步骤，有效积累并扩大其资本基础。

1. 明确战略目标与财务规划

企业首先要明确自身的战略目标，这是指导一切资本运作活动的前提。战略目标应当具体、可量化，并与企业的长期愿景紧密相连。明确的目标有助于企业在纷繁复杂的市场环境中保持方向感，确保每一笔资本投入都能为企业带来长远的价值增长。

在战略目标确立后，企业需要制订与之相匹配的财务规划。财务规划应包括预算制订、现金流管理、资本结构优化等多个方面。通过精确的预算控制和有效的现金流管理，企业能够确保资金的合理分配和使用效率，同时降低财务风险。此外，不断优化资本结构，平衡债务与股权融资的比例，也是企业实现资本增值的重要手段。

2. 强化内部管理与运营效率

企业内部管理的水平直接影响其运营效率和资本利用效率。因此，企业需要不断加强管理团队建设，提升管理人员的专业素养和决策能力。通过引入先进的管理理念和方法，如精益管理、六西格玛（6 Sigma）等，企业可以进一步优化内部管理流程，降低运营成本，提高资源使用效率。

技术创新是企业持续发展的重要动力。通过加大研发投入，推动新产品、新技术的研发与应用，企业可以不断提升自身产品的竞争力，从而吸引更多资本关注。同时，技术创新还能带来生产效率的提升和成本的降低，进一步增强企业的盈利能力。

供应链的优化和市场营销的精准定位也是企业提升运营效率、增加收入的重要途径。通过整合供应链资源，实现采购、生产、销售等环节的紧密协作，企业可以降低库存成本，提高响应速度。而在市场营销方面，企业需要深入了解消费者需求，制定针对性的营销策略，提升品牌知名度和市场份额。

3. 拓展融资渠道与资本运作

企业在积累资本的过程中，需要积极拓展融资渠道。除了传统的银行贷款、股权融资外，企业还应考虑通过发行债券、引入战略投资者、利用资本市场融资等多种方式筹集资金。多元化的融资渠道可以降低企业对单一融资渠道的依赖，提高融资的灵活性和效率。

资本运作是企业实现资本增值的重要手段。企业通过并购重组、资产剥离、股权置换等方式，可以起到优化资源配置，提高资产利用效率的作用。同时，企业还可以利用资产证券化等手段，将部分资产转化为可交易的证券产品，从而快速回笼资金并降低融资成本。

对于具备一定实力和国际化视野的企业而言，海外布局和国际融资也是拓展资本来源的重要途径。在国外设立分支机构、开展国际合作是最主流的方式，企业借此开拓新的市场空间，获取更多资源。还可以利用国际资本市场进行融资，既能筹集到更多资金，还能提升企业的国际知名度和品牌形象。

4. 案例呈现

海尔自成立以来，始终坚持以用户为中心的战略导向，致力于成为全球领先的物联网生态品牌。在财务规划方面，海尔注重预算管理和现金流控制，保证每一笔投资都能为企业带来长期价值。同时，海尔还不断优化资本结构，通过发行债券、引入战略投资者等方式筹集资金，为企业的持续发展提供坚实的财务支持。

海尔通过引入先进的管理理念和方法，如"人单合一"模式等，实现了员工与市场的直接对接，提高了决策效率和响应速度。海尔还加大了研发投入，推动技术创新和产品升级，不断提升自身产品的竞争力。在供应链管理和市场营销方面，海尔也采取了多项措施优化资源配置和提升市场占有率。

在融资渠道方面，海尔积极拓展多元化融资渠道。除了传统的银行贷款和股权融资外，还成功发行了多期债券和资产证券化产品等金融工具筹集资金。同时，海尔始终积极寻求国际融资机会，拓展海外市场并引入国际战略投资者。在资本运作方面，海尔通过并购重组等方式，优化资源配置并拓展业务领域，实现了资本的快速增值。

拥有更多资本是企业实现可持续发展的基础之一，但并非唯一因素。海尔集团的案例为我们提供了宝贵的经验和启示：只有不断创新、适应变化、强化品牌建设，并追求可持续发展目标的企业，才能在激烈的市场竞争中，实现资本的最大化增值。未来，随着市场环境的不断变化和企业自身发展的需求增长，我们将继续见证更多优秀企业在资本运作领域的精彩表现和创新实践。

第二章　资本的内稳态结构

股权与债务比例

在现代企业治理中，股权与债务比例的合理安排是企业财务管理的重要组成部分，直接影响着企业的融资成本、财务风险、控制权分配、市场价值以及长远发展潜力。

股权是企业通过发行股票筹集的资金所形成的资本，代表着股东对企业的所有权。股权融资具有无须还本付息、增强企业信誉等优点，但也可能导致股权稀释，影响控股股东的控制力。

债务是企业通过借款、发行债券等方式筹集的资金，需要按照约定的期限和利率偿还本息。债务融资能够利用财务杠杆效应提高股东回报率，但同时增加了企业的财务风险，若经营不善可能陷入债务危机。

股权与债务比例，即资本结构（Capital Structure），反映了企业资金来源中股权与债务的相对比例。合理的资本结构能够平衡融资成本与风险，最大化企业价值（见图2-1）。

企业资本结构设计的首要节点在于确定债务与股权之间的合理比例。这涉及权衡债务融资带来的财务杠杆效应与股权融资带来的稳定资本基础。过高的债务比例将会增加企业的财务风险，而过低的债务比例又可能限制企业的财务杠杆效应。因此，在确定股权与债务比例时，需要综合考虑企业的财务状况、盈利能力、未来现金流预测等因素。

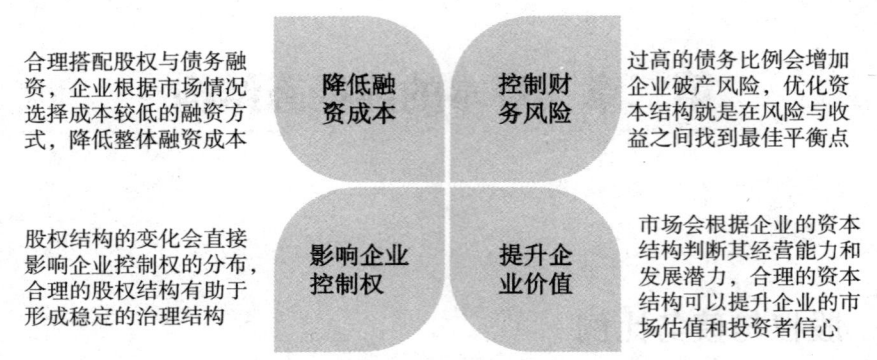

合理搭配股权与债务融资，企业根据市场情况选择成本较低的融资方式，降低整体融资成本　　降低融资成本　　控制财务风险　　过高的债务比例会增加企业破产风险，优化资本结构就是在风险与收益之间找到最佳平衡点

股权结构的变化会直接影响企业控制权的分布，合理的股权结构有助于形成稳定的治理结构　　影响企业控制权　　提升企业价值　　市场会根据企业的资本结构判断其经营能力和发展潜力，合理的资本结构可以提升企业的市场估值和投资者信心

图2-1　优化股权与债务比例的重要性

A集团，成立于20世纪90年代末，是一家集研发、生产、销售于一体的高科技制造企业，专注于智能制造装备领域。随着企业规模的扩大，如何优化资本结构，平衡快速扩张与风险控制之间的关系，成为A集团管理层面临的重要课题。

在创业初期，A集团主要依靠股权融资，通过引入风险投资和私募股权基金快速筹集资金，支持产品研发和市场拓展。这一阶段，股权结构相对分散，控股股东持股比例较低，虽有利于引入外部资源和治理经验，但也为后续的决策效率和控制权稳定埋下了隐患。同时，由于过于依赖股权融资，企业的财务杠杆作用未能充分发挥，影响了股东回报率的提升。

面对挑战，A集团管理层开始重新审视和调整资本结构。具体举措包括：

（1）定向增发与股权激励：通过定向增发股票给核心管理层和关键技术人才，既增加了他们的持股比例，提高了工作积极性和忠诚度，又在一定程度上缓解了股权过于分散的问题。同时，实施股权激励计划，将员工利益与企业长期发展绑定，形成利益共同体。

（2）适度增加债务融资：在充分评估企业偿债能力和市场环境后，A集团开始通过银行贷款、发行企业债券等方式适度增加债务融资。既降低了整体融资成本，还提高了财务杠杆效应，增强了股东回报率。而且，多元化融资渠道又降低了单一融资方式带来的风险。

（3）优化债务结构：在债务融资方面，A集团注重优化债务结构，合理安排长短期债务比例。通过发行长期债券筹集长期资金，用于支持研发项目和固定资产投资，而短期贷款则主要用于解决运营资金需求。这种长短期结合的债务结构，降低了企业面临的利率风险和流动性风险。

（4）加强内部控制与风险管理：为了有效控制财务风险，A集团加强了内部控制体系建设，完善了风险预警和应急处理机制。通过定期评估企业财务状况和市场环境变化，及时调整融资策略和资本结构，确保企业持续稳健发展。

经过一系列优化措施的实施，A集团的资本结构得到了显著改善。股权结构更加合理稳定，控制权得到有效保障；债务融资的合理运用，提高了企业的财务杠杆效应和股东回报率；内部控制和风险管理体系的完善，进一步增强了企业的抗风险能力。这一系列举措不仅促进了A集团的持续稳健发展，也为同行业企业提供了宝贵的参考和借鉴。对于其他企业而言，应结合自身实际情况和市场环境，灵活运用各种融资工具和管理手段，不断优化资本结构，形成可长期发展的基础路径。

成本与风险平衡

在现代企业管理中，成本与风险平衡是一个至关重要的议题。无论企业规模大小，都需要在追求经济效益的同时，有效控制成本和降低风险。

成本是企业在生产或提供服务过程中耗费的资源总和，包括直接成本（如原材料、人工等）和间接成本（如管理费用、折旧等）。在项目管理中，成本风险则是指预算或成本超过预期的可能性，这种可能性可能源于项目内部因素（如计划不合理、资源调配不当）或外部因素（如市场波动、政策变化）。

风险是在未来的某个时间点，发生不利事件的可能性及其影响程度。在企业管理中，风险可以分为战略风险、市场风险、财务风险、运营风险等。风险管理的主要目标是通过识别、评估、应对和监控风险，将风险带来的负面影响降到最低。

成本与风险之间存在着密切的关系。一方面，降低成本的同时可能带来新的风险，如选择低成本材料可能增加产品质量风险；另一方面，风险管理措施往往需要投入一定的成本，如加强内部控制、购买保险等。因此，在企业管理中，实现成本与风险平衡至关重要。

企业首先需要树立强烈的风险意识，认识到风险是不可避免的，但可以通过有效的管理措施来降低风险。通过培训和教育，提高全体员工对风险的识别和应对能力，让他们在日常工作中能够及时发现并报告潜在风险。

建立完善的风险管理机制是实现成本与风险平衡的重要保障，包括风险识别、评估、应对和监控四个环节。企业可以运用先进的风险管理工具和方法，如风险矩阵、蒙特卡罗模拟（Monte Carlo Simulation）等，对风险进行全面、系统的分析和管理。

在追求经济效益的同时，企业也需要注重成本效益。通过优化资源配置、提高劳动生产率、降低成本等措施，实现成本的有效控制。同时，企业还需要加强成本核算和成本控制，确保各项成本费用的合理性和必要性。

此外，为了降低单一业务或市场带来的风险，企业需要实施多元化战略。拓展新的业务领域或市场，分散经营风险，提高整体抗风险能力。当然，在实施多元化战略时，企业也需要注意成本与风险平衡，避免盲目扩张带来的不必要损失。

A集团是一家总部位于欧洲的跨国企业，主要从事能源、化工和基础设施等领域的业务。虽然A集团凭借其卓越的管理能力和创新能力，在全球市场上取得了显著的成就，但也因为日益激烈的市场竞争，面临着越来越多的成本和风险挑战。

为了应对单一业务带来的风险，A集团积极实施多元化业务布局。除了传统的能源和化工业务外，还涉足了基础设施、新能源等领域，有效分散了经营风险，提高了整体抗风险能力。

为了有效控制成本和提高成本效益，A集团实施了精细化管理。在采购、生产、销售等各个环节中，都采用了先进的成本控制方法和工具。例如，在采购环节，A集团通过建立供应商评估体系、实行集中采购等措施，降低了采购成本；在生产环节，A集团通过优化生产流程、提高劳动生产率等措施，降低了生产成本。

为了及时应对潜在风险，A集团建立了完善的风险预警与应对机制。通过收集和分析市场信息、政策变化等外部信息，以及企业内部的生产经营数据等内部信息，A集团能够及时发现并评估潜在风险。同时，A集团还制定了详细的风险应对措施和应急措施，以应对突发事件和不利情况的发生。

经过一系列的努力和实践，A集团在成本与风险平衡方面取得了显著的成果，公司的财务状况稳健，盈利能力持续提升，为股东创造了可观的回报。

通过A集团的案例可以看出，成本与风险的平衡是企业管理中一项必须完成的重要任务。企业需要在追求经济效益的同时，注重成本的有效控制和风险的有效管理。企业需要树立强烈的风险意识，建立完善的风险管理机制和成本控制体系，注重成本效益的提高和创新驱动的发展，以实现企业的长期稳定发展。

现金流与偿债能力

企业的生存和发展离不开两个核心要素：充足的现金流和强大的偿债能力。现金流是企业运营的血液，直接关系到企业日常运营、投资活动及偿债能力的维持；偿债能力是企业信誉的基石，影响着企业的融资成本和未来发展空间。

现金流是企业在一定会计期间内，按照收付实现制，通过一定的经济活动（包括经营活动、投资活动和筹资活动）而产生的现金流入、现金流出及其总量情况的总称。根据活动性质的不同，现金流可以分为经营性现金流、投资性现金流和筹资性现金流。

经营性现金流是企业持续运营的基础，反映了企业通过日常经营活动产生现金的能力。稳定的经营性现金流不仅能满足企业的日常运营需求，还能为企业的投资活动和债务偿还提供有力支持。相反，经营性现金流的不足往往预示着企业经营状况的恶化，可能导致资金链断裂，进而影响企业的生存。

偿债能力是企业用其资产偿还长期债务与短期债务的能力。衡量企业偿债能力的指标主要包括流动比率、速动比率、资产负债率、利息保障倍数等。这些指标从不同角度反映了企业资产与负债的关系，以及企业偿还债务的能力。

偿债能力是企业信誉的重要体现，也是金融机构评估企业贷款风险的重要依据。强大的偿债能力意味着企业有足够的资金储备来应对突发事件和偿还到期债务，从而降低企业的财务风险和融资成本。相反，偿债能力较弱的企业可能面临融资难、融资贵的问题，甚至可能因无法偿还债务而陷入破产境地。

充足的现金流是企业偿债能力的最重要保障。当企业需要偿还债务时，如果经营性现金流不足以覆盖债务本息，就必须依靠投资性现金流或筹资性现金流来弥补。然而，长期依赖非经营性现金流偿债，会增加企业的财务风险和融资成本。因此，保持稳定的经营性现金流是企业维持偿债能力的关键。

企业的偿债能力也会影响其现金流的可持续性。偿债能力强的企业更容易获得金融机构的信任和支持，从而能够以更低的成本获得融资支持。相反，偿债能力较弱的企业将会面临无处融资的困境，导致现金流紧张甚至断裂。

由此可见，现金流与偿债能力是衡量企业偿债能力的重要指标。企业需要确保其现金流稳定且足以覆盖债务本息支付，避免发生违约风险。因此，在资本结构设计时，企业需要对自身的现金流与偿债能力进行充分评估，并根据评估结果调整债务规模和债务期限等参数。

B集团是一家总部位于东南亚的多元化企业集团，业务范围涵盖制造业、零售业、金融服务等多个领域。在面对全球经济下行压力和行业竞争加剧的挑战时，B集团凭借其卓越的现金流与偿债能力，快速稳住了局面。

B集团通过优化供应链管理，降低库存成本和提高资金周转率。集团与主要供应商建立了长期合作关系，采用JIT（Just In Time）库存管理模式，减少库存积压和资金占用。又通过引入先进的物流管理系统和大数据分析技术，提高供应链的透明度和响应速度，确保物资供应的及时性和准确性。

　　为了加快资金回笼速度，B集团加强了应收账款的管理。集团建立了完善的信用评估体系，对客户进行信用评级和分类管理。并且制定了严格的账款催收流程和奖惩机制，保证应收账款得到及时回收。B集团还通过提供灵活的结算方式和优惠政策，吸引客户提前付款，进一步加速资金回笼。

　　B集团在投资决策上保持谨慎态度，坚持"量力而行、精准投资"的原则。B集团对投资项目进行严格的尽职调查和风险评估，以最大限度地降低投资项目的不可预知风险。同时，B集团注重资本运作的灵活性和效率性，通过资产证券化、股权融资等多种方式筹集资金，在降低融资成本的同时，提高了资金使用效率。

　　B集团非常注重保持合理的负债结构，根据自身的经营状况和偿债能力，合理确定债务规模和债务期限结构。再通过多元化融资渠道，降低融资成本和风险集中度。B集团还积极运用金融工具进行风险管理，如利率互换、外汇掉期等，以降低利率风险和汇率风险对偿债能力的影响。

　　为了提高偿债能力，B集团着力提高资产质量和运营效率。B集团通过优化资产结构和处置低效资产，降低资产负债率；同时，加强内部管理，提高生产效率和成本控制能力，提高资产盈利能力。当债务到期时，集团能够迅速调集资金进行偿还，避免了违约风险，从而维护了良好的信用记录。良好的信用状况又进一步增强了金融机构对B集团的信任和支持，使得集团在需要资金时，能够以更低的成本获得融资，进一步巩固了其偿债能力。

　　通过以上阐述可以看出，在B集团的管理实践中，现金流与偿债能力的管理并非孤立进行，而是相互促进、相互依存，形成了强大的协同效应。这种协同效应体现在：①现金流管理增强偿债能力；②对偿债能力的重视促进了现金流的健康发展。

综上所述，现金流与偿债能力是企业稳健运营的双轮驱动。企业在管理中，要注重现金流与偿债能力的协同效应；要积极应对外部挑战并不断提升内部管理和运营效率；要持续关注和评估企业的财务状况和风险状况。展望未来，企业将面临更多的机遇和挑战，只有不断加强现金流与偿债能力的管理，才能在全球竞争中更从容地持续发展。

市场环境与需求

市场环境与企业发展息息相关，准确把握市场需求是企业成功的关键所在。市场环境是影响企业市场营销活动的各种外部因素的总和，包括宏观经济环境、行业环境、技术环境、政策环境以及社会文化环境等。市场需求是指在这些环境因素共同作用下，消费者或市场对企业产品或服务的需求量和需求特点。本节旨在深入探讨市场环境与需求之间的关系，分析企业如何在复杂多变的市场环境中准确把握并满足市场需求，从而实现企业的可持续发展。

1. 市场环境的多维度解析

宏观经济环境是企业生存和发展的宏观背景，包括经济增长率、通货膨胀率、失业率、货币供应量等经济指标。这些指标直接影响消费者的购买力和消费信心，进而影响市场需求。例如，经济繁荣时期，消费者购买力增强，市场需求旺盛；而经济衰退时期，消费者购买力减弱，市场需求萎缩。

行业环境是企业最直接面对的竞争环境，包括行业内的竞争格局、竞争对手的策略、市场规模及增长潜力等。了解行业环境有助于企业制定差异化战略，避开红海竞争，开拓蓝海市场。

技术环境对企业的影响日益显著。新技术的出现往往能改变产品的生产方式、降低生产成本、提高产品质量或创造全新的产品和服务。企业应密切关注技术发展趋势，积极拥抱技术创新，以技术驱动产品升级和市场拓展。

政策环境是企业经营的重要外部因素，包括国家法律法规、产业政策、税收政策等。政策的变化往往能引导企业的发展方向，甚至决定企业的生死存亡。因此，企业应密切关注政策动态，及时调整经营策略以适应政策要求。

社会文化环境是社会结构、风俗习惯、价值观念、教育水平等因素的总和。这些因素在一定程度上影响着消费者的消费习惯、审美观念和购买决策。企业应深入研究社会文化环境，了解目标市场的文化特点和消费偏好，以制定更加贴近消费者需求的市场策略。

2. 市场需求的分析与把握

首先是市场需求的识别，这是企业市场营销活动的起点。企业可以通过市场调研、数据分析、消费者访谈等方式收集信息，了解消费者的需求、偏好和痛点。企业还应关注行业趋势和市场动态，以预测未来市场需求的变化。

其次是市场需求的细分。市场需求往往具有多样性和复杂性，为了更准确地把握市场需求，企业需要对市场进行细分。市场细分是根据消费者的不同需求、购买行为和购买习惯等因素，将市场划分为若干个具有相似特征的子市场。通过市场细分，企业可以更加精准地定位目标市场，制定有针对性的营销策略。

最后是市场需求的满足，这是企业存在的根本目的。企业应通过产品创新、服务优化、渠道拓展等方式，不断提高产品和服务的质量，以满足消费者的多样化需求。企业还应注重品牌建设和客户关系管理，以增强消费者对品牌的忠诚度和信任感。

3.案例呈现

C公司是一家国内知名的家居用品制造企业，专注于为消费者提供高品质、环保、健康的家居生活解决方案。面对激烈的市场竞争和不断变化的市场环境，C公司始终坚持以市场需求为导向，不断创新和突破，实现了持续稳健的发展。

C公司通过市场调研和数据分析等手段发现，随着生活水平的提高和消费观念的转变，消费者对家居用品的需求已经从基本的实用性向舒适性、美观性和智能化方向发展。加之近年来，国内经济增长速度放缓，但居民收入水平不断提高，消费升级趋势明显。C公司敏锐地捕捉到了这一变化，及时调整产品策略和设计理念，将产品定位从中低端市场逐步向中高端市场转移，以满足消费者对高品质生活的追求。与此同时，公司加强了成本控制和生产效率提升，以应对可能的经济下行压力。

家居用品行业竞争激烈，同质化现象严重。为了脱颖而出，C公司加大了研发投入和技术创新力度，推出了多款具有自主知识产权的环保健康家居产品。这些产品不仅满足了消费者对品质生活的需求，还符合了国家对绿色环保产业的支持政策。此外，C公司积极拓展线上销售渠道和跨境电商业务，以应对线下市场的饱和与渠道变革的挑战。

C公司根据消费者的不同需求和购买行为，将市场细分为年轻家庭市场、中高端品质追求者市场、环保健康意识强的消费者市场。针对不同子市场的特点，制定了差异化的产品定位和营销策略。例如，针对年轻家庭市场，推出设计时尚、功能齐全且价格适中的智能家居产品系列；对于中高端品质追求者市场，则注重产品的材质、工艺和细节处理，打造高端奢华的家居体验。同时，C公司也非常注重服务质量的提升，建立了完善的售后服务体系，为消费者提供全方位、贴心的服务体验。

C公司通过多渠道、多形式进行品牌宣传，在社交媒体、电商平台、线下门店等多个渠道上，积极与消费者互动，传递品牌理念和产品价值。还通过赞助大型活动、参与公益事业等方式，进一步提升了品牌形象。在市场营销方面，C公司注重精准营销和个性化推荐，利用大数据和人工智能技术，为不同消费者提供个性化的产品和服务推荐，提高了营销效率和转化率。

通过精准把握市场环境和消费者需求，C公司实现了持续稳健的发展。近年来，公司的销售收入和市场份额均实现了稳步增长，品牌影响力不断提升。

在复杂多变的市场环境中，企业只有准确把握市场需求、不断创新和突破；坚持以消费者为中心、注重品牌建设和市场营销；持续推动产品与服务创新，才能在市场环境中脱颖而出，实现持续稳健的发展。

资本结构调整的策略与时机

在企业的生命周期中，资本结构调整是一项至关重要的管理决策，关乎企业的资金利用效率、财务风险控制及长期发展潜力。合理的资本结构调整策略与时机选择同样关键，过早或过晚的调整都可能对企业造成不利影响。

资本结构调整的核心在于平衡股权与债务的比例。股权融资通过发行新股或增发股份来筹集资金，能够增加企业的自有资本，降低财务风险，但可能稀释现有股东的股权。债务融资则通过发行债券或银行贷款等方式增加负债，降低融资成本，提高财务杠杆效应，但也会增加企业的偿债压力和财务风险。

企业应根据自身情况和市场环境选择合适的融资方式。在盈利能力较强、现金流充裕的情况下，可以适当增加股权融资的比例，减少负债压力；在需要快速扩张或面临投资机会时，可以适度增加债务融资，以充分利用财务杠杆效应。

在资本结构调整过程中，企业还应关注税务筹划的合规性。通过合理的税务规划，企业可以降低税务负担，提高盈利水平。例如，利用不同地区或国家的税收优惠政策，设立避税子公司等。但需注意，税务筹划必须在合法合规的框架内进行，避免触碰法律红线。

对于需要扩大规模、提升技术实力或拓展市场的企业而言，引入战略投资者是一种有效的资本结构调整方式。战略投资者不仅能为企业提供资金支持，还能带来先进的技术、管理经验和市场资源，助力企业实现快速发展。

D公司是国内知名的制造业企业，主营业务涵盖家电、汽车零部件等多个领域。随着行业竞争的加剧和市场需求的变化，D公司面临着转型升级的压力，为此进行了多次资本结构调整，且运用了多种资本结构调整策略。

策略一，股权融资与债务融资的平衡——面对激烈的市场竞争和资金需求，D公司采取了股权融资与债务融资相结合的方式。一方面，通过增发新股和引入战略投资者筹集了大量资金，增强了企业的资本实力；另一方面，适度增加了债务融资比例，以充分利用财务杠杆效应降低融资成本。这种平衡策略既保证了企业的资金需求，又避免了过度依赖某一种融资方式带来的风险。

策略二，多元化资金来源——为了降低融资成本和风险，D公司除了传统的银行贷款和股权融资外，还通过发行债券、资产证券化等方式筹集资金。这种多元化资金来源的策略为D公司提供了更加稳定的资金支持，降低了融资风险。

策略三，税务筹划与合规性——在资本结构调整过程中，D公司合理利用税收优惠政策、设立避税子公司，降低了税务负担。同时，加强与税务机关的沟通与合作，确保税务筹划的合法性和合规性。

D公司最终成功实现了转型升级和快速发展，除了运用合理的资本结构调整策略外，还有对时机的正确把握。

当行业景气度高时，是进行资本结构调整的最佳时机。此时，企业融资成本较低，能够通过发行股票或债券等方式吸引更多投资者，提高资本金比例。

企业内部经营状况稳定也是资本结构调整的重要时机。如果企业盈利能力强、现金流充裕，可以通过自有资金进行资本结构调整，减少负债比例，增加股权比例。

在行业竞争加剧、市场份额受到威胁的情况下，企业可以通过增加股权比例、引入战略投资者等方式进行资本结构调整。既能增强企业的资金实力和市场竞争力，还能通过战略合作实现资源共享和优势互补。

D公司在选择资本结构调整的时机上表现出了高度的敏感性和灵活性。在宏观经济环境良好、行业景气度高的时期，D公司加大了股权融资和债务融资的力度；在企业经营状况稳定、盈利能力较强的时期，则通过自有资金进行了资本结构调整；在行业竞争加剧、市场份额受到威胁的时期，则通过引入战略投资者等方式增强了资金实力和市场竞争力。

这一案例启示我们：企业在进行资本结构调整时，应密切关注市场环境和内部经营状况的变化，灵活选择融资方式和时机。同时，注重税务筹划的合规性和多元化资金来源的稳定性，最终实现资本结构的优化和企业的可持续发展。

第三章　资本运作的全局设计

资本运作团队组建与管理

如今，企业的资本运作能力已成为衡量其综合竞争力的重要指标之一。有效的资本运作不仅能够优化资源配置，提升企业价值，还能够为企业的长远发展奠定坚实的基础。因此，组建并管理一支高效、专业的资本运作团队，对于企业而言至关重要。本节将从资本运作团队组建的原则、结构设置、成员选拔、培训发展以及日常管理等几个方面深入探讨，并结合一个具体的企业案例，阐述其在实际操作中的应用与成效。

资本运作团队组建的原则之一，必须专业性与综合性并重。资本运作涉及财务、法律、战略、市场、风险管理等多个领域，要求团队成员不仅要具备深厚的专业知识，还需拥有跨领域的综合能力，以便在复杂多变的市场环境中做出精准决策。

资本运作团队组建的原则之二，既保证战略导向，又能灵活应变。团队需紧密围绕企业战略目标，制订并执行资本运作计划，同时保持高度的市场敏感度，灵活应对外部环境的变化，抓住市场机遇。

资本运作团队组建的原则之三，高效合作与共享文化。建立了基于信任与尊重的合作氛围，鼓励团队成员间信息共享、知识交流，共同解决问题，形成合力推动项目成功。

一个高效的资本运作团队通常包含与战略、市场、项目、财务、法律相关的五个核心部门或角色（见图3-1）。

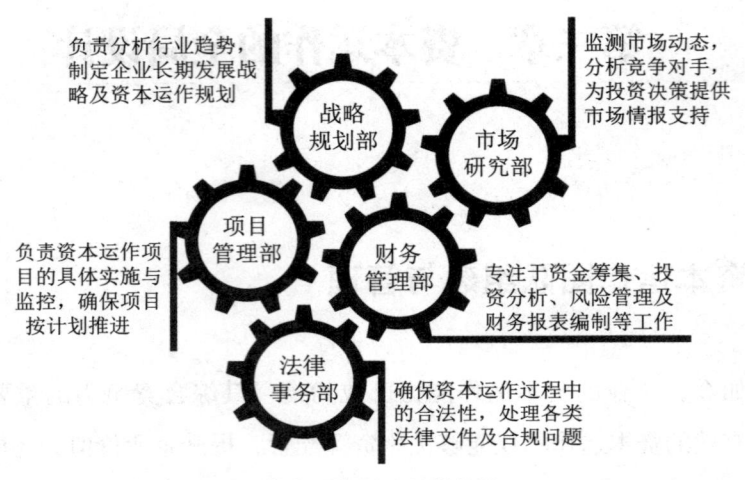

图3-1 资本运作团队的结构设置

- 战略规划部：负责分析行业趋势，制定企业长期发展战略及资本运作规划
- 市场研究部：监测市场动态，分析竞争对手，为投资决策提供市场情报支持
- 项目管理部：负责资本运作项目的具体实施与监控，确保项目按计划推进
- 财务管理部：专注于资金筹集、投资分析、风险管理及财务报表编制等工作
- 法律事务部：确保资本运作过程中的合法性，处理各类法律文件及合规问题

有了明确的资本运作团队组建的原则和结构设置后，如同得到了筋骨，还要为筋骨附上血肉，这个血肉就是具体的成员。能够进入资本运作团队的人，必须符合具体的要求、素质和经验。优先选择具有相关行业背景、成功案例或国际视野的候选人，他们能为团队带来更多元化的视角和经验。再针对不同岗位需求，通过笔试、面试等形式考察候选人的专业知识水平及技能掌握程度。必须重视候选人的沟通能力、团队协作能力、解决问题的能力及抗压能力，以确保团队成员能够适应高强度、快节奏的工作环境。

为了让资本团队成员始终保持完成相关工作的高素质、高效率，并与企业战略达成高契合度，还能实现自己职业生涯的高速发展。企业需要为资本运作团队成员进行职业培训。可以通过建立定期的培训与分享会制度，邀请行业专家、学者及成功企业家进行授课，促进团队成员知识更新与技能提升。可以为每位团队成员制订个性化的职业规划，明确晋升路径与发展方向，激发其工作积极性与归属感。可以通过参与真实资本运作项目，让团队成员在实践中学习成长，提升解决实际问题的能力，并且在日常管理中完成三个方面的工作。

（1）目标明确与责任到人：为团队设定清晰、可量化的目标，并将任务细化分解到每个成员，确保责任到人，提高工作效率。

（2）高效沟通与信息共享：建立畅通的沟通渠道，鼓励团队成员间及时交流信息，确保信息对称，减少误解与冲突。

（3）绩效评估与激励机制：实施公平、透明的绩效评估体系，将评估结果与薪酬、晋升等挂钩，激励团队成员积极贡献。

威瑞森电信（Verizon Communications）作为世界级ICT（信息与通信技术）解决方案提供商，其资本运作团队的成功运作，为企业的全球化扩张和价值提升提供了有力支持。

威瑞森资本运作团队由一批具有丰富金融、财务、法律及战略管理经验的专业人士组成，团队结构完善，涵盖战略规划、财务分析、法律合规、市场研究等多个职能部门。在团队组建初期，威瑞森便明确了以技术创新为核心，通过资本运作加速全球化布局的战略目标。

为提升团队的专业能力与综合素质，威瑞森定期举办资本运作研讨会，邀请世界知名的金融机构、法律事务所的专家进行授课，同时鼓励团队成员参与国内外高级金融培训课程，不断拓宽视野，提升实战能力。此外，威瑞森还建立了完善的绩效考核与激励机制，将资本运作成果与团队成员的个人利益紧密挂钩，极大地激发了团队的工作热情与创造力。

在具体项目操作中，威瑞森资本运作团队展现出高度的市场敏感度和战略眼光。例如，威瑞森将以200亿美元的全现金方式收购其竞争对手美国前沿通信公司，以加强自身的光纤网络等业务，预计收购将在18个月内完成。在评估与操作这项大宗收购业务的过程中，资本运作团队通过深入分析目标公司的技术实力、市场地位及未来发展潜力，制定了周密的收购策略，并在谈判过程中灵活应对，最终成功实现了低成本高效益的并购，为威瑞森在相关领域的布局奠定了坚实的基础。

综上所述，威瑞森资本运作团队的组建与管理经验，为其他企业提供了宝贵的借鉴。通过构建专业、高效的资本运作团队，企业可以更加灵活地运用资本工具，推动企业的持续发展与价值提升。

资本运作项目策划与执行

资本运作是企业利用资本市场，通过各种有利于企业发展的手段，实现企业资本增值、优化资本结构、提高运营效率的过程。它既是企业战略的重要组成部分，也是企业价值实现的关键环节。资本运作的核心在于通过合理的资源配置，实现资本的最大化利用，进而推动企业价值的持续提升。

在资本运作项目策划之初，企业需要对内外部环境进行全面分析。外部环境包括宏观经济政策、行业竞争格局、市场趋势等；内部环境则涉及企业财务状况、技术能力、管理水平等。企业需要深入分析市场环境、行业趋势及自身发展需求，识别资本运作的必要性和紧迫性。通过内部讨论、市场调研等方式，收集并整理相关信息，形成详细的需求分析报告，为后续策划提供基础。

基于环境分析结果，企业需要明确资本运作项目的具体目标，如扩大市场份额、提升品牌影响力、优化资本结构、增强技术实力等。目标设定应具体、可量化，并与企业长期发展战略相契合。

根据目标设定，企业需要制定资本运作的总体策略，策略规划应充分考虑企业战略目标、财务状况、市场定位等因素；企业还需设计资本运作的具体方案，方案设计应充分考虑市场实际情况，确保方案的可行性和有效性，方案应包括但不限于融资方式选择、并购对象筛选、资产重组路径规划、风险评估与应对措施等。

对资本运作方案进行详细的财务分析，包括成本效益分析、现金流预测、敏感性分析等。通过财务分析，评估项目的经济效益，确保项目在财务上可行。

资本运作项目必然会涉及众多法律法规，企业需要聘请专业律师团队对方案进行法律合规性审查，确保项目在法律层面无瑕疵。

随着移动互联网的快速发展，外卖市场成为互联网巨头竞相争夺的热点。阿里巴巴集团作为中国和世界领先的电子商务平台，为进一步完善其本地生活服务生态，决定通过资本运作手段进入外卖市场。

阿里巴巴深入分析外卖市场的竞争格局、用户需求以及行业发展趋势，得出饿了么在外卖市场中占据领先地位，且与阿里巴巴的本地生活服务战略高度契合。

明确通过并购饿了么，快速扩大阿里巴巴在外卖市场的份额，提升本地生活服务生态的竞争力。

阿里巴巴采用现金加股权的方式对饿了么进行并购，确保并购过程的顺利进行。同时，双方就并购后的整合计划进行深入沟通，确保业务协同效应最大化。

在并购过程中，阿里巴巴与饿了么管理层保持密切沟通，确保信息透明、决策高效。同时，阿里巴巴充分利用其资源和优势，为饿了么提供技术、数据分析等方面的支持，助力其业务发展。

并购完成后，阿里巴巴对饿了么进行了深度整合，包括业务整合、团队整合、文化整合等。通过整合，阿里巴巴成功将饿了么纳入其本地生活服务生态，实现了资源的优化配置和业务的协同发展。

通过对阿里巴巴案例的解读，可以看到资本运作项目的策划与执行大概可以分为五个阶段，即环境分析阶段、目标设定阶段、方案设计阶段、执行阶段和后期整合阶段。前述已经详述了前三项，下面进行后两项的阐述。

在执行阶段的关键点是对项目进度的控制，企业需要制定详细的项目时间表，明确各阶段的任务、责任人和完成时间。通过定期召开项目会议、跟踪项目进展等方式，确保项目按计划推进。

再对资本运作项目可能面临的风险进行全面评估，制定应对措施。在项目实施过程中，密切关注市场变化、政策调整等风险因素，及时调整项目策略。

还需建立高效的沟通机制，确保项目团队内部与外部合作伙伴之间的信息畅通，解决项目执行中遇到的问题和困难。

在项目完成后，企业需要对项目进行全面评估，包括经济效益评估、社会效益评估等，总结项目经验教训，为后续资本运作项目提供参考。

根据评估结果，对项目进行持续优化。对成功的经验和做法进行总结提炼，形成标准化流程；对存在的问题和不足进行改进完善，提高资本运作项目的成功率。

资本运作作为企业战略发展的重要手段，其成功实施需要企业具备高度的战略规划能力、精准的市场洞察力以及卓越的执行力。通过以上探讨，可以得出四项结论与四项展望（见图3-2）。

（1）综合规划是关键。企业在进行资本运作项目策划时，必须充分考虑内外部环境因素，制订综合规划。因此，企业必须具备全面的信息收集与分析能力，以及对市场趋势的准确把握。

（2）专业团队是保障。组建一支由多领域专业人才组成的团队，团队成员间的默契配合与高效协作，能够显著提升项目的执行效率与质量。

（3）风险管理需重视。资本运作项目涉及众多不确定性因素，企业应建立完善的风险评估与应对机制，确保项目在可控范围内推进。

（4）后期评估与优化不可或缺。项目完成后的评估与持续优化，是提升资本运作效率、积累宝贵经验的重要途径。企业必须重视这一环节，确保资本运作项目能够为企业带来长期价值。

数字化转型加速	国际化布局深化	绿色资本运作兴起	生态化整合加强
随着数字技术的飞速发展，资本运作项目的数字化转型将成为趋势。企业可以利用大数据、人工智能等先进技术，提升资本运作的精准度与效率	在全球经济一体化的背景下，越来越多的企业将目光投向海外市场。通过跨境并购、设立海外分支机构等方式，企业可以实现资本与资源的全球配置，提升国际竞争力	随着可持续发展理念的深入人心，绿色资本运作将成为企业关注的焦点。企业可以通过投资环保产业、推动绿色技术创新等方式，实现经济效益与环境保护的双赢	未来，企业间的竞争将更多地体现在生态体系的构建与整合上。通过资本运作，企业可以整合上下游产业链资源，形成协同效应，构建更加稳固的市场地位

图3-2　企业资本运作的展望

综上所述，企业资本运作项目的策划与执行是一个复杂而系统的过程，需要企业从多个方面进行全面考虑与精心安排。通过不断优化与完善资本运作策略，企业可以在激烈的市场竞争中脱颖而出，实现持续健康的发展。

资本运作过程沟通与协调

资本运作涉及并购重组、债务重组、股权融资、对外投资等多个环节，不仅要求企业具备敏锐的市场洞察力和精准的判断力，更需要在内外部利益相关者之间建立起一套完善的沟通与协调体系，以确保信息畅通无阻，决策高效执行。

资本运作决策往往涉及大量数据分析和专业评估，需要跨部门、跨领域的合作。良好的沟通机制能够确保各方信息及时、准确地汇聚，为管理层提供全面、客观的决策依据，避免因信息不对称导致的误判。

资本运作项目的实施周期长、流程复杂，需要多个部门和团队协同作战。有效的协调机制能够明确职责分工，优化资源配置，减少不必要的内耗，加快项目推进速度。

而且，资本运作直接关乎股东、债权人、客户、供应商、员工及社会公众等多方利益。再加上市场环境和政策法规的不断变化，也要求企业必须灵活应对。高效的沟通与协调机制，能够帮助企业快速捕捉市场动态，调整策略，抓住机遇，规避风险。在此基础上，可以有效增进各利益相关方的理解，减少误解和冲突。

那么，在资本运作过程中，企业究竟该如何保持高效沟通与协调呢？下面给出具体的五项策略。

（1）建立跨部门沟通平台。企业应构建以项目为中心的跨部门沟通平台，确保财务、法务、业务、人力资源等部门在项目各阶段都能紧密合作，共享信息，共同解决问题。

（2）明确沟通与协调流程。制定详细的沟通与协调流程，包括信息传递的路径、方式、时间节点及责任人等，确保每一步骤都有章可循，减少沟通成本，提高沟通效率。

（3）加强内外部信息披露与透明度。对于涉及公众利益的资本运作项目，企业应主动加强信息披露，提高透明度，通过新闻发布会、投资者关系活动等形式，及时、准确地向外界传递项目信息，增强市场信心。

（4）建立风险预警与应急响应机制。针对资本运作过程中可能出现的风险，企业应建立风险预警系统，并制定应急预案，确保在风险发生时能够迅速响应，有效控制事态发展。

（5）强化员工培训与激励。通过定期的培训，提升员工的专业素养和沟通能力，增强团队协作意识。同时，建立合理的激励机制，激发员工的积极性和创造力，为资本运作的成功实施提供人才保障。

阿里巴巴集团作为全球领先的电子商务企业，为了拓展东南亚市场，于2016年以约10亿美元的价格收购了东南亚电商平台Lazada的控股权。此次并购不仅是阿里巴巴全球化战略的重要一步，也是中国企业"走出去"的标志性事件之一。

在并购决策前，阿里巴巴高层进行了充分的战略评估和市场调研，通过内部会议、工作坊等形式，与各部门负责人深入讨论并购的可行性和潜在风险，形成统一意见。同时，通过内部通信、员工大会等方式，向全体员工传达并购的战略意义，激发员工的参与感和归属感。

Lazada作为东南亚的本土企业，与阿里巴巴在文化、制度、市场等方面存在较大差异。阿里巴巴通过设立专项工作组，派遣专业团队前往Lazada总部进行实地考察和交流，深入了解其业务模式、市场定位及团队文化。同时，通过视频会议、电子邮件等远程沟通方式，保持与Lazada团队的密切联系，就并购后的战略规划、组织架构、人员调整等问题进行反复讨论和协商，逐步达成共识。

由于跨国并购涉及多个国家的法律法规和政策环境，阿里巴巴积极与东南亚各国的政府部门和监管机构进行沟通，了解当地的外资政策、税收制度及反垄断法规等，确保并购合规性。同时，通过外交渠道和行业协会等平台，争取到政府部门的支持和帮助，为并购顺利实施创造了有利条件。

并购完成后，阿里巴巴通过新闻发布会、社交媒体、广告投放等多种渠道，向东南亚市场传递了并购的正面信息，强调双方将携手共进，推动东南亚电商市场的繁荣发展。同时，通过品牌联合、资源共享等方式，加强 Lazada 在东南亚市场的品牌影响力和市场竞争力。

为了确保并购后的顺利整合和持续发展，阿里巴巴与 Lazada 建立了常态化的沟通与协调机制。双方定期召开高层会议、业务对接会等，就市场策略、产品开发、运营优化等方面进行深入交流。同时，还设立了专门的项目管理部门，负责监督并购整合的进度，协调解决整合过程中遇到的问题，确保各项计划按时推进。

文化融合是企业并购后的一大挑战。阿里巴巴深知这一点，因此在并购初期就启动了文化融合计划。通过组织文化交流活动、员工培训、团队建设等方式，促进双方员工的相互了解和信任，逐步构建起统一的价值观和企业精神。同时，阿里巴巴也尊重 Lazada 原有的企业文化，鼓励其保持独特性和创新性，实现文化的和谐共生。

为了确保并购后的业绩持续增长，阿里巴巴与 Lazada 共同制定了详细的业绩目标和考核体系。通过定期的绩效评估，了解并购整合的效果，及时发现问题并采取改进措施。同时，为了激发员工的积极性和创造力，阿里巴巴还引入了灵活的激励机制，包括股权激励、绩效奖金等，将员工的个人利益与企业的长期发展紧密结合。

阿里巴巴并购 Lazada 的案例，为企业资本运作过程中的沟通与协调提供了宝贵的经验。首先，企业应高度重视战略沟通与内部动员，确保全体员工对并购战略有清晰的认识和共同的目标。其次，跨国并购需特别注重跨国沟通与资源整合，深入了解目标企业的文化、制度和市场环境，实现双方资源的优势互补。此外，政府沟通与政策支持也是跨国并购成功的关键因素之一，企业应积极争取政府部门的支持和帮助。最后，文化融合与团队健设、绩效评估与激励机制等，也是企业资本运作后续整合阶段不可忽视的重要环节。

总之，企业资本运作过程中的沟通与协调是一个复杂而细致的过程，需要企业从战略高度出发，建立完善的沟通与协调机制，确保信息的畅通无阻和资源的优化配置。通过有效的沟通与协调，企业可以克服资本运作中的种种挑战，实现各方的共赢发展。

资本运作的时间管理与进度控制

资本运作作为企业实现战略扩张、优化资源配置、提升市场竞争力的重要手段，其成功与否往往取决于精细的时间管理与严格的进度控制。有效的资本运作不仅能够加速企业成长，还能够在激烈的市场竞争中占据先机。本节旨在探讨资本运作过程中的时间管理与进度控制策略，以期为实践者提供借鉴与启示。

资本运作是企业利用资本市场，通过发行股票、债券、投融资、兼并收购、资产重组等方式，对内部及外部资源进行重新配置，以达到资本增值最大化的目的。这一过程涉及资金筹集、投资运用、资产管理和利润分配等多个环节，每一个环节都需要精准的时间规划和严格的进度控制。

时间管理在企业资本运作中的重要性如下：

（1）提高效率：合理的时间规划能够确保资本运作各环节有序进行，减少等待时间和资源浪费，提高整体运作效率。

（2）降低风险：及时识别并应对市场变化，调整资本运作策略，有助于降低因时间延误或决策滞后带来的风险。

（3）增强竞争力：快速响应市场机会，加速项目落地，有助于企业在竞争中占据有利位置。

（4）优化资源配置：根据时间节点合理分配资源，确保关键任务得到优先处理，实现资源利用的最大化。

企业资本运作中进度控制的关键要素如下：

（1）明确目标：设定具体、可量化、可达成的资本运作目标，包括时间、成本、收益等关键指标。

（2）细化计划：将总体目标分解为具体任务，制定详细的时间表和里程碑，明确责任人和完成标准。

（3）动态调整：根据市场变化、内部资源状况等因素，灵活调整进度计划，确保项目顺利推进。

（4）有效沟通：建立畅通的沟通机制，确保信息在团队内部及与外部合作伙伴间及时传递，减少误解和延误。

（5）监控与评估：定期对项目进度进行检查，评估实际完成情况与计划的偏差，及时采取措施纠正。

A公司是一家专注于人工智能领域的创新型科技企业，近年来发展迅速，为进一步扩大市场份额，提升技术实力，决定并购一家在特定领域具有领先技术的B公司。此次并购涉及资金量大、审批流程复杂、技术整合难度大，对时间管理和进度控制提出了极高要求。A公司将时间管理与进度控制整合成为四个阶段，并且精准控制每个阶段的具体工作，此次并购程序得以完美实施。

首先是前期准备阶段，包含三项工作内容：

（1）明确目标：A公司首先明确了并购的核心目标，即快速获取B公司的核心技术，增强自身在AI领域的竞争力。

（2）组建专业团队：A公司成立了由法务、财务、技术、市场等多部门组成的并购项目组，明确各成员职责。

（3）尽职调查：A公司制订了详细的尽职调查计划，包括财务、法律、技术等多个维度，确保在限定时间内完成全面评估。

其次是谈判与审批阶段，包含两项工作内容：

（1）灵活谈判策略：根据双方实际情况，采用分阶段谈判方式，逐步明确交易条款，同时保持与监管机构的密切沟通，确保合规性。

（2）加速审批流程：提前准备所有必要的审批材料，利用专业顾问团队协助，加快政府审批和内部决策流程。

再次是资金筹集与交割，包含两项工作内容：

（1）多元化融资：通过银行贷款、发行债券、引入战略投资者等多种方式，筹集并购所需资金，确保资金按时到位。

（2）精确交割安排：制定详细的交割时间表，包括资金支付、资产过户、人员交接等各个环节，确保交割过程顺利进行。

最后是整合与运营阶段，包含两项工作内容：

（1）快速整合方案：制订详细的整合方案，包括技术整合、市场整合、文化整合等多个方面，明确时间节点和责任人。

（2）持续监控与评估：设立专门的整合管理团队，对整合进度进行持续监控，定期评估整合效果，及时调整策略。

经过精心策划与严格执行，A公司成功完成了对B公司的并购，并在短时间内实现了技术、市场、人才等多方面的整合。此次并购显著提升了

A公司的技术实力和市场竞争力。

此案例启示我们，在资本运作过程中，必须做好时间管理与进度控制。通过明确目标、细化计划、动态调整、有效沟通以及监控与评估等策略，企业可以更加高效地推进资本运作项目，实现资源的最优配置和价值的最大化创造。

资本运作的成本控制与预算管理

有效的资本运作不仅要求企业精准把握市场机遇，还需要在成本控制与预算管理方面做到精细入微，以确保资金的有效利用和项目的长期可持续性。

在资本运作过程中，合理控制成本可以降低项目总投入，提高资金利用效率，从而直接提升企业的盈利能力。因此，成本控制能力强的企业往往能够以更低的成本提供相同或更高质量的产品和服务，从而在价格上占据优势，吸引更多客户。而且，有效的成本控制还能减少不必要的资金支出，增加企业的财务储备，降低因资金短缺或流动性问题导致的财务风险。资本运作中的成本控制策略有哪些呢？

（1）精细化预算计划制订。企业应根据资本运作项目的实际情况，制订详细的预算计划，明确各项费用的预算金额和用途，确保每一项支出都有明确的依据和目的。

（2）优化融资结构。企业应通过比较不同融资渠道的成本和风险，选择最适合自身需求的融资方式，如银行贷款、债券发行、股权融资等，以降低融资成本。

（3）加强内部管理。企业应建立完善的内部控制体系，加强对各项费用的审批和监管，防止浪费和滥用资金。同时，提高员工的成本意识，鼓励员工在日常工作中注重节约和效率。

（4）灵活应对市场变化。企业应密切关注市场动态，灵活调整资本运作策略，如调整投资方向、优化投资组合等，以应对市场变化带来的成本风险。

除了成本控制外，预算管理对于资本运作同样非常重要。预算管理有助于企业合理规划和分配资源，保证资本运作项目得到必要的资金和其他资源支持，避免因资源不足而影响项目进展。预算管理通过设定预算限额和监控预算执行情况，可以有效控制成本超支现象的发生，确保企业在资本运作过程中保持财务稳健。可见，预算管理为企业提供了清晰的财务数据支持，管理层可以更加准确地评估资本运作项目的风险和收益，从而做出更加明智的决策。资本运作中的预算管理策略有哪些呢？

（1）制订科学合理的预算计划。预算计划应基于企业的战略目标和实际情况，充分考虑市场环境、竞争态势、内部资源等因素，确保预算的合理性和可行性。

（2）严格执行预算计划。预算计划一旦制订，就应得到严格执行。企业应建立完善的预算执行机制，明确预算执行的责任人和责任部门，加强对预算执行的监督和考核。

（3）及时调整预算计划。市场环境和企业内部情况的变化可能导致预算计划与实际执行情况产生偏差。企业应根据实际情况及时调整预算计划，确保预算的准确性和有效性。

（4）强化预算分析与评估。企业应定期对预算执行情况进行分析和评估，了解预算执行的成果和问题，总结经验教训，为未来的资本运作和预算管理提供参考和借鉴。

C集团是一家综合性企业集团，业务涵盖多个领域。为了进一步拓展市场份额和提升竞争力，C集团决定通过并购方式收购一家行业内的直接竞争对手D公司。此次并购涉及金额巨大，要求C集团必须做好过程中的成本控制和预算管理，才能顺利完成此次收购行为。

为了最大限度地降低融资成本，分散财务风险，C集团通过比较不同融资渠道的成本和风险，最终选择了银行贷款和股权融资相结合的方式筹集并购资金。

C集团在并购前期进行了详细的尽职调查，包括财务、法律、市场和技术等方面，以确保对D公司的全面了解。在此基础上，C集团制订了详细的并购预算计划，明确了各项费用的预算金额和用途，包括并购费用、整合费用、运营成本等。为此，C集团建立了专门的并购项目组，负责整个并购过程的管理和协调。项目组内部实行严格的审批和监管制度，确保每一项支出都符合预算计划。同时，C集团还加强了与D公司的沟通与合作，确保并购过程的顺利进行。

在预算管理策略中，C集团根据并购项目的实际情况和战略目标，制订了科学合理的预算计划，包括并购过程中的各项费用支出，并购后的整合与运营成本，以确保并购项目的长期可持续发展。为了确保预算计划的执行效果，C集团建立了严格的预算执行机制。每个阶段的费用支出都需要经过严格的审批流程，并与预算计划进行比对，确保实际支出不超出预算范围。同时，C集团还设置了预算执行的监控和预警系统，及时发现并纠正预算执行中的偏差。

在并购过程中，市场环境、政策环境以及D公司的实际情况都可能发生变化，对原定的预算计划产生影响。C集团积极应对这些变化，通过定期召开预算调整会议，对预算计划进行灵活调整，以适应新的形势和需求。

并购完成后，C集团对并购项目的预算执行情况进行了全面的分析和评估。通过对比实际支出与预算计划的差异，找出预算执行中的成功经验和不足之处。同时，C集团还对并购项目的经济效益进行了评估，以验证并购决策的正确性和有效性。这些分析和评估结果，为C集团未来的资本运作和预算管理提供了宝贵的参考和借鉴。

通过精细化的成本控制和科学的预算管理，C集团成功完成了对D公司的并购，并实现了预期的战略目标。并购后的整合进展顺利，C集团的市场份额和竞争力得到了显著提升。此次并购案例不仅展示了C集团在资本运作方面的实力和经验，也为其他企业提供了有益的启示。

综上所述，企业资本运作中的成本控制与预算管理，是确保项目成功和实现战略目标的重要保障。通过精细化的成本控制与预算制定，再加上严格的执行、灵活的调整和全面的分析与评估，企业可以更加高效地利用资金资源，降低财务风险，提升综合竞争力。

资本运作的效果评估与持续优化

资本运作并非短期行为，而是一个需要不断评估、反馈与调整的动态过程。效果评估为企业提供了资本运作的实际成果反馈，有助于管理层更准确地判断投资决策的正确性，为后续的资本运作决策提供有力依据。通过评估，管理层也可以发现资本运作过程中资源配置的不足之处，及时调整资源分配，确保有限资源得到最大化利用。

效果显著的资本运作能够迅速增强企业的市场竞争力，而持续的评估与优化则能确保企业在市场变化中保持领先地位。因此，及时评估资本运作效果，有助于企业发现并应对潜在风险，防止因盲目扩张或投资失误导致的财务危机。

企业资本运作效果评估的方法，可以通过财务指标分析和市场表现分析两个方面的汇总之后得出。

首先，财务指标是评估资本运作效果最直观、最常用的方法。包括但不限于：

（1）投资回报率（ROI）：衡量投资项目盈利能力的关键指标。

（2）净现值（NPV）：评估投资项目长期价值的指标，考虑了时间价值的影响。

（3）内部收益率（IRR）：反映项目投资效率，是项目现金流折现后等于零的折现率。

（4）流动比率和速动比率：评估企业短期偿债能力的指标，对资本运作中的资金流动性管理尤为重要。

除了财务指标外，企业还需关注资本运作后的市场表现，包括但不限于：

（1）市场份额变化：评估资本运作是否帮助企业扩大了市场份额。

（2）品牌影响力提升：分析资本运作对提升品牌知名度和美誉度的作用。

（3）客户满意度：考察资本运作是否有助于提高产品和服务质量，进而提升客户满意度。

在评估过程中，企业还需对资本运作可能带来的风险进行全面评估，包括市场风险、财务风险、法律风险等，并制定相应的风险应对措施。

进行效果评估的目的是要进行与之对应的优化调整，将不利于企业发展的方面尽可能优化解决，只保留对企业发展有利的方面。鉴于效果评估是系统化工作，可能需要多轮评估才能达到预期效果。那么，持续优化则必然也是系统化工作，同样需要多轮优化以达到最佳效果。企业资本运作的持续优化策略有哪些呢？

首先是建立健全评估体系。企业应建立一套科学、系统的资本运作效果评估体系，明确评估指标、方法和周期，确保评估结果的客观性和准确性。

其次是强化数据分析与预测。企业需运用大数据、人工智能等现代信息技术手段，加强对资本运作相关数据的收集、分析和预测，为优化决策提供有力支持。

再次是灵活调整策略。根据评估结果和市场环境变化，企业应及时调整资本运作策略，包括调整投资方向、优化融资结构、改进管理模式等，以适应新的市场需求和竞争态势。

复次是加强人才培养与团队建设。优秀的资本运作团队是企业实现资本运作目标的重要保障。企业应注重相关人才的培养和引进，加强团队建设和协作，提升整体运作效率和水平。

最后是建立持续改进机制。企业可以通过定期回顾、总结经验教训、学习先进经验等方式，不断优化资本运作流程和管理模式，提升资本运作的整体效能。

E集团是一家在国内市场享有较高知名度的制造业企业，为了拓展海外市场和提升技术实力，最终通过跨国并购的方式收购了一家在目标市场经营艰难，但对于E集团的目标市场仍具有一定影响力的F公司。

在并购过程中，E集团充分识别并评估了可能面临的市场风险、财务风险和法律风险等，通过制定详细的风险应对措施和应急预案，成功应对了并购过程中的各种挑战和问题。

并购完成后，E集团对并购项目的财务指标进行了全面评估。结果显示，并购项目的ROI和NPV均达到了预期目标，内部收益率也高于行业平均水平。同时，并购后的E集团整体财务状况稳健，流动比率和速动比率均保持在合理水平。

在市场表现方面，E集团通过并购成功进入了目标市场，并取得了显著的市场份额提升。F公司的品牌优势和沉淀客户与E集团的市场资源和管理经验相结合，共同推动了新产品的开发和市场推广，客户满意度得到了显著提升。

为了达到持续优化的目的，E集团一面完善评估体系，一面优化资源配置与业务整合。E集团建立了一套完善的资本运作效果评估体系，包括定期的财务审计、市场调研、客户满意度调查等多个维度，确保对并购效果的全面、持续跟踪。E集团对双方的业务进行了深入分析和整合，优化资源配置，避免重复建设和资源浪费。通过共享供应链、研发资源和销售渠道，实现了协同效应的最大化。同时，针对并购后出现的业务重叠部分，进行了合理的剥离或重组，提高了整体运营效率。

在进行一系列举措的过程中，E集团认识到了不同国籍文化、地域文化、种族文化和企业文化的差异带来的巨大挑战。为此，积极推动文化融合项目，通过组织文化交流活动、制定统一的价值观和行为规范，促进双方员工的相互理解和尊重。同时，加强跨国团队的培训和建设，提升团队的整体协作能力和跨文化沟通能力。

经过一段时间的持续优化和调整，E集团的跨国并购项目取得了显著成效。不仅成功进入了目标市场并实现了市场份额的快速增长，还通过技术创新和业务拓展提升了企业的整体竞争力和盈利能力，在国际市场上的知名度和品牌影响力也得到了显著提升。

企业资本运作的效果评估与持续优化是一个复杂而重要的过程。通过建立健全评估体系、加强数据分析与预测、灵活调整策略、强化人才培养与团队建设以及建立持续改进机制等措施，企业可以不断提升资本运作的效能和水平，为企业的长远发展奠定坚实的基础。

实操篇
打造资本密集体

第四章　并购中的资本迁移

并购整合：获得目标企业控制权的产权交易活动

并购整合是企业通过购买目标企业的全部或部分股权或资产，获得其控制权，进而实现资源整合、业务扩展或市场进入等战略目标的产权交易活动。并购整合涉及两个或多个企业的融合，包括战略、文化、组织、财务、人力资源等多个方面的整合。

通过并购，企业可以实现资源的优化配置，提高资源利用效率，进而迅速扩大规模、提升市场份额，增强对市场的控制力和影响力。如果并购的是具有技术优势或创新能力的目标企业，企业可以因此加快技术创新步伐，推动产业升级，由此得以快速进入新市场或新领域，实现业务的多元化和全球化布局。

当然，并购整合对企业也并不都是优势，仍然具有很多未知的挑战。如文化冲突会破坏企业的稳定。因为企业文化是企业长期形成的核心价值观和行为规范，不同企业之间的文化差异可能导致并购后的文化冲突。再如组织结构问题。因为双方企业的组织结构需要重新调整，如何合理安排管理层和员工岗位，提高运营效率是并购整合中的重要问题。再有就是法律与合规风险。并购活动涉及复杂的法律程序和监管要求，如果企业不能遵守相关法律法规和监管要求，可能面临法律诉讼和合规风险。

鉴于上述对并购整合挑战的阐述，可以看出相应的并购整合过程就需要有针对性地做出选择，让企业尽可能从发起阶段就远离风险。因为不同行业、不同发展状况的企业所具有不同的现实情况，我们不能给出非常具体的并购整合过程建议，但其中的几个核心步骤无论任何企业都必须要做好，才能确保并购整合达到预期效果。

首先是并购决策与目标选择。企业需根据自身发展需要和市场环境，确定并购的动因、目标和方向。同时，对潜在目标企业进行全面的尽职调查，包括财务状况、市场地位、技术实力、企业文化等方面，以评估其是否符合并购战略的要求。

其次是并购谈判与交易达成。在确定目标企业后，双方将进入谈判阶段。谈判内容包括并购价格、支付方式、交易结构、法律条款等。双方需充分沟通，寻找利益共同点，以达成一致的并购协议。

最后是并购后的整合。并购协议的签订只是并购活动的开始，真正的挑战在于并购后的整合。整合工作涉及战略整合、文化整合、组织整合、财务整合和人力资源整合等多个方面。企业需要制订详细的整合计划，确保各项整合工作的顺利推进。

宝洁公司（P&G）是全球知名的日用消费品制造商，拥有丰富的品牌和产品组合。吉列公司（Gillette）则是全球领先的剃须刀和刀片制造商，拥有强大的市场地位和品牌影响力。为了进一步扩大市场份额和提升竞争力，宝洁公司于2005年宣布以高达570亿美元的价格并购吉列公司。

宝洁并购吉列的过程就非常符合上述并购过程的三个核心步骤，这也是我们以宝洁公司此次并购作为案例的原因。

在并购决策与目标选择阶段：宝洁公司经过深入的市场分析和尽职调查，认为吉列公司与其在个人护理领域的业务高度互补，并购后可以实现资源共享和协同效应。因此，宝洁公司将吉列公司确定为并购目标。

在并购谈判与交易达成阶段：宝洁公司与吉列公司就并购价格、支付方式、交易结构等关键条款进行了多次磋商。最终，双方达成一致意见，签订了并购协议。

在并购后的整合阶段：并购完成后，宝洁公司从五个方面启动了整合工作：①在战略整合方面，宝洁公司保留了吉列公司的品牌和产品线，同时将其纳入宝洁的个人护理业务板块；②在文化整合方面，宝洁公司尊重吉列公司的企业文化，通过沟通和培训等方式促进文化融合；③在组织整合方面，宝洁公司对管理层和员工岗位进行了重新安排和优化；④在财务整合方面，宝洁公司对吉列公司的财务系统进行了整合和审计；⑤在人力资源整合方面，宝洁公司保留了吉列公司的核心员工，并提供了良好的职业发展机会。

通过并购整合，宝洁公司成功实现了对吉列公司的控制权，并获得了其在剃须刀和刀片市场的领先地位。并购后，宝洁公司的市场份额和品牌影响力得到了进一步提升，同时也实现了资源共享和协同效应。此外，宝洁公司还通过整合吉列公司的研发和销售网络等资源，加快了产品创新和市场拓展步伐。

通过对宝洁公司与吉列公司并购过程的详细解读，尤其是宝洁公司在并购整合阶段的一系列做法，我们可以从中挖掘出大量宝贵的经验，从而提炼出并购整合的应对策略。

（1）制订详细的整合计划。企业在并购前必须制订详细的整合计划，明确整合的目标、步骤、责任人和时间表。以确保整合过程的有序进行，减少不必要的混乱和延误。

（2）强化沟通与协作。在并购整合过程中，双方企业应保持高度的沟通和协作。通过定期召开管理层会议、员工大会等方式，及时传递整合信息，解答员工的疑问，增强员工的归属感和信任感。同时，鼓励跨部门之间的合作与交流，促进资源和知识的共享。

（3）重视文化融合。企业应尊重并理解双方的文化差异，建立包容性的文化氛围，通过文化培训、团队建设等活动，鼓励员工接受并融入新的文化环境，促进文化的交流和融合。

（4）优化组织结构和管理流程。并购后，企业应根据新的业务规模和市场需求，对组织结构和管理流程进行优化。通过精简管理层级、明确职责分工、优化业务流程等方式，提高管理效率和运营效率。

（5）强化风险管理。建立完善的风险管理体系，对可能出现的各种风险进行识别和评估，并制定相应的应对措施。同时，注重培养和引进具有国际化视野和跨领域能力的管理人才，借助人才的力量降低风险。

宝洁并购吉列的案例为我们提供了一个成功的典范。通过精准的并购决策、细致的整合计划和有效的执行策略，宝洁成功实现了对吉列的控制权并获得了显著的协同效应。这一案例不仅展示了并购整合的潜力和价值，也为企业管理者提供了宝贵的经验和启示。在未来的并购整合过程中，企业应充分借鉴成功案例的经验和教训，不断优化自身的并购整合策略和实践方式，以实现企业的持续发展和壮大。

资产置换：用暂时无用资产置换企业未来发展所需的资产

资产置换是企业在经营发展过程中，通过将暂时无用或低效的资产与市场上具有更高价值或更符合企业发展战略的资产进行交换，以优化资源配置、提升企业竞争力的行为。这种置换可以是整体资产置换，也可以是部分资产置换，形式灵活多样。

通过将不良资产置换为优质资产，企业可以降低资产负债率，提高偿债能力和信用评级，也可以降低企业面临的经营风险，改善整体财务状况。因此，资产置换能够帮助企业摆脱低效资产的束缚，引入具有更高盈利潜力和发展前景的资产，使企业的资源得到更有效的利用。

在进行资产置换前，企业需对现有资产进行全面评估，识别出暂时无用或低效的资产，并明确企业发展所需的资产类型。并制订详细的置换计划，包括置换目标、置换方式、时间安排等。

企业需通过市场调研、商务洽谈等方式，积极寻找愿意进行资产置换的交易对象。在选择交易对象时，需综合考虑对方的资产质量、价值、市场前景等因素，确保置换的公平性和合理性。

随后，双方就置换的具体条款进行协商和谈判，包括资产的价值评估、交易方式、支付条件、税务处理等。在谈判过程中，双方需保持开放和透明的态度，寻求双赢的解决方案。

在达成一致意见后，双方签订正式的资产置换协议，明确双方的权利和义务。税后，按照协议约定的时间和方式执行置换操作，完成资产的交割和过户手续。

置换完成后，企业须对新引入的资产进行整合和管理，确保其能够顺利融入企业的运营体系并发挥预期效益。同时，对置出的资产进行妥善处理，避免资源浪费和损失。

贵州赤天化股份有限公司（以下简称"赤天化"）是一家以煤化工和医药大健康为主业的大型企业集团。近年来，随着国家医改政策的深入实施和市场环境的变化，赤天化的医药制造业务面临着严峻的挑战，业务收入逐年下降并预期长期亏损。为了优化资产结构、聚焦主营业务、提升盈利能力，赤天化决定进行资产置换。

赤天化拟通过新设子公司与贵州赤天化花秋矿业有限责任公司（以下简称"花秋矿业"）进行资产置换。具体方案如下：

（1）置入资产：花秋矿业持有的桐梓县花秋镇花秋二矿的采矿权及相关附属资产，包括土地使用权、房屋建筑物、井巷工程等。

（2）置出资产：贵州圣济堂制药有限公司及圣济堂除贵州大秦肿瘤医院有限公司以外的全部子公司股权、贵州中观生物技术有限公司80%股权。

通过置换，赤天化成功将盈利能力较差的医药制造业务置出，同时置入具有稳定收益和良好前景的煤矿采矿权，优化了企业的资产结构。此次置换也使赤天化能够更加专注于煤化工业务的发展，提升在该领域的竞争力和盈利能力。

通过置换，赤天化降低了对医药制造业务的依赖度，增强了企业的抗风险能力和可持续发展能力。而且，花秋二矿与赤天化的化工业务所在区域相同，未来达产后可为赤天化节省大量煤炭采购和运输成本，提高整体盈利能力。

通过对赤天化案例的阐述，可以看到，资产置换有助于企业迅速进入新的业务领域或扩大在现有领域的优势，实现产业升级和转型，适应市场变化和行业发展趋势。那么，贵州赤天化的资产置换实践为其他企业提供了哪些宝贵启示呢？

（1）灵活应对市场变化：市场环境是不断变化的，企业需要保持敏锐的市场洞察力，及时调整经营策略和资产结构，以应对市场的挑战和机遇。

（2）注重长期效益：在进行资产置换时，企业不应仅关注短期利益，更应注重置换对企业长期发展的影响和贡献。通过引入具有长期增长潜力的资产，企业可以为其未来发展奠定坚实的基础。

（3）强化内部管理：资产置换的成功与否不仅与外部市场环境和交易

条件有关，还与企业内部的管理水平密切相关。企业需要加强内部管理，提升资产运营效率和盈利能力，为资产置换创造更加有利的条件。

综上所述，资产置换具有优化资源配置、改善财务状况、促进产业升级等多重意义。随着科技的进步和产业的发展，企业需要不断推动产业升级与转型，以适应新的市场需求和竞争格局。资产置换作为一种有效的资源配置手段，可以为企业产业升级和转型提供有力支持。

吸收股份：吸收目标企业的净资产作为股金

如今，企业通过并购重组实现资源优化配置、市场拓展和技术升级已成为常态。其中，吸收股份，特别是通过吸收目标企业的净资产作为股金，是一种高效且灵活的扩张策略。既能够迅速增强收购方的资本实力，还能够实现双方在业务、技术、市场等多方面的深度融合，促进企业的持续健康发展。

吸收股份是一家企业（收购方）通过支付对价（包括现金、股票、其他资产或混合支付方式），获取另一家企业（目标企业）的全部或部分股权，并将目标企业的净资产直接计入收购方的资本结构中，作为新增的股金。这种方式在会计上体现为资产与权益的同时增加，实现了资源的直接融合。

通过吸收目标企业的净资产，收购方能够迅速扩大资产规模，提升资本充足率；目标企业的品牌影响力和销售渠道也能成为收购方的重要资产，助力其市场占有率的提升；且双方可以在产品、技术、市场等方面实现资源共享和优势互补，促进业务协同效应的发挥。

对于希望进入新领域或新市场的企业而言，通过并购已有一定基础的目标企业，可以绕过行业壁垒，快速占据市场地位。吸收股份的操作流程有哪些呢？

第一步是前期调研与评估：收购方需对目标企业进行详尽的尽职调查，包括财务状况、市场前景、技术实力、法律风险等，以确定并购的可行性和价值。

第二步是谈判与协议签订：双方就并购条款进行深入谈判，包括收购价格、支付方式、交易结构、过渡期安排等，并签订正式的并购协议。

第三步是审批与公告：根据相关法律法规，并购需获得相关监管机构的审批，并对外发布公告，确保信息的透明度和合规性。

第四步是资产评估与过户：对目标企业的资产进行专业评估，完成资产和股权的过户手续。

第五步是整合规划与执行：制订详细的整合计划，涵盖组织结构、人员配置、业务流程、文化融合等多个方面，并逐步实施。

第六步是后续监督与评估：并购完成后，收购方需对整合效果进行持续监督和评估，确保并购目标的实现。

A公司是一家专注于环保技术研发与应用的高新技术企业，拥有多项核心专利和成熟的环保处理技术。随着国家对环保产业政策的不断加码和市场需求的持续增长，A公司决定通过并购扩张其业务范围和市场占有率。在此背景下，B公司作为一家在废水处理领域具有丰富经验和良好口碑的企业，成为A公司的并购目标（见图4-1）。

图4-1　A公司并购B公司的动因

具体的并购过程如下。

（1）前期调研：A公司组建专业团队对B公司进行了全面的尽职调查，包括财务审计、法律合规性审查、技术评估等，确保并购的可行性。

（2）谈判与协议：经过多轮谈判，双方就并购价格、支付方式（以A公司的股票和少量现金支付）、过渡期管理等关键条款达成一致，并签订了并购协议。

（3）审批与公告：并购案件顺利通过相关监管机构的审批，并向社会公众发布了并购公告，增强了市场信心。

（4）资产评估与过户：聘请第三方机构对B公司的资产进行了公正评估，并顺利完成了资产和股权的过户手续。

（5）整合规划与执行：A公司制订了详细的整合计划，包括技术整合、市场渠道共享、人员配置优化等。同时，注重企业文化的融合，确保并购后的平稳过渡。

此案例充分展示了吸收股份，特别是通过吸收目标企业的净资产作为股金这一策略在企业扩张中的巨大潜力和实际成效。

从财务角度来看，通过吸收B公司的净资产，A公司的资产规模和资本实力得到了显著提升。既增强了企业的偿债能力和融资能力，还为后续的投资扩张提供了充足的资金保障。同时，由于并购过程中采用了股票支付的方式，减少了现金流出，降低了财务风险，体现了并购策略的灵活性和高效性。

从业务角度来看，并购后的整合实现了双方的优势互补。在技术方面，A公司获得了B公司在废水处理领域的先进技术和经验，提升了自身的技术实力和创新能力。在市场方面，双方共享客户资源，拓宽了销售渠道，提高了市场占有率。这种业务上的协同效应，为企业的长期发展奠定了坚实的基础。

从企业文化和人力资源的角度来看，并购后的整合过程也是一次文化融合和人才优化的过程。通过有效的沟通和培训，A公司成功地将自身的企业文化与B公司的文化相融合，形成了新的、更具包容性和凝聚力的企业文化。

总之，此案例为我们提供了一个成功的并购范本。通过吸收股份的方式，企业可以快速实现资源整合和业务拓展，为企业的长期发展注入新的动力。然而，并购并非易事，需要企业在并购前做好充分的准备和规划，并在并购后加强整合和管理，才能确保并购目标的实现和企业的良性发展。

以债权换股权：转换目标企业的不良债权为股权

在企业运营过程中，债务问题一直是困扰许多企业的难题。尤其是当企业陷入财务困境，难以偿还到期债务时，不仅企业自身运营受到影响，债权人的利益也面临巨大风险。为了有效解决这一问题，债权转股权（以下简称"债转股"）作为一种创新性的债务重组方式应运而生。

债转股是债权人将其对债务企业的债权，通过特定程序转换为对债务企业的股权，从而实现对债务企业的直接持股。这种转换不仅改变了债权人与债务企业之间的法律关系，即从债权债务关系转变为持股与被持股关系，还改变了债务的偿还方式，由原本的还本付息转变为按股分红或股权转让收益。

通过债转股，企业可以避免沉重的利息负担，减少财务费用。债转股也可以降低企业的资产负债率，提高企业的偿债能力。从而有更多资金用于经营和扩大生产。如果企业实施破产清算，可能会导致债权人利益严重受损，这种情况下，债转股为债权人提供了一种相对更优的债务解决方案，有助于减少损失。

为了将债转股这种资本运作模式的价值发挥到最大，在实施时必须经过严格的前期筛选、审批与评估，以及过程中严谨操作，加上强有力的后续管理。下面就来看看债转股的具体操作流程。

首先是前期准备阶段，包括：

（1）尽职调查：对目标企业进行全面的尽职调查，了解其经营状况、财务状况、市场前景等，评估其是否具有债转股的价值。

（2）协议谈判：债权人与债务企业就债转股的具体条款进行谈判，包括转股比例、转股价格、转股后的股东权利与义务等。

其次是审批与评估阶段，包括：

（1）内部审批：债权人须进行内部审批，确保债转股符合其风险管理要求和监管政策。

（2）资产评估：对债务企业的资产进行评估，确定转股价格的合理性和公允性。

再次是签订协议与变更登记阶段，包括：

（1）签订协议：债权人与债务企业签订《债权转股权协议》，明确双方的权利与义务。

（2）变更登记：根据公司法及相关规定，办理股权变更登记手续，将债权人的债权转化为对企业的股权。

最后是后续管理阶段，包括：

（1）参与治理：债权人成为企业股东后，可依法行使股东权利，参与企业的重大事务决策。

（2）退出机制：在适当的时候，债权人可通过股权转让、企业回购等方式退出，实现投资收益。

重庆顺博铝合金股份有限公司（以下简称"顺博合金"）是一家专业从事再生铝合金锭（液）系列产品的研发、生产和销售的上市企业。重庆泰利尔压铸有限公司（以下简称"泰利尔"）则是其下游客户，主要从事摩托车压铸件、通用汽油机压铸件等产品的生产。由于经营不善，泰利尔于2017年向法院提出破产重组申请。

泰利尔在提出破产重组后，重庆市北碚区人民法院批准了其重整计划草案。顺博合金作为泰利尔的主要债权人之一，面临着巨额应收账款无法收回的风险。在此背景下，顺博合金选择采用债转股方式进行债权清偿。经过审计确认，顺博合金对泰利尔的应收账款余额为438.89万元。

根据泰利尔的重整计划，顺博合金与泰利尔签订了《债权转股权协议》。协议约定，顺博合金将持有的438.89万元债权按1元债权转增1股权的比例转换为泰利尔的股权。同时，为确保交易的合法性和合规性，双方还进行了资产评估和验资等程序。

2023年8月23日，泰利尔为顺博合金及另一债权人重庆九龙投资有限公司（以下简称"九龙投资"）的债转股出资行为合并办理了工商变更登记。变更后，顺博合金持有泰利尔41.6819%的股权，成为其重要股东之一。

通过债转股，顺博合金将原本难以收回的应收账款转化为对泰利尔的股权，有效降低了应收账款占比，优化了公司的资产结构；同时，不再面临泰利尔破产清算可能带来的巨大损失，避免了因坏账计提而增加的财务成本，降低了公司的财务风险。

作为泰利尔的重要供应商，顺博合金通过债转股实现了对下游客户的股权控制，有助于加强双方的合作关系，稳定供应链，并可能在未来通过产业链整合实现协同效应。

虽然短期内顺博合金可能无法从泰利尔获得直接的现金回报，但长期来看，如果泰利尔经营状况改善，顺博合金作为股东将有机会分享其成长带来的收益。

债转股不仅对债权人顺博合金带来了实际利益，对债务企业泰利尔也同样有益无害。债转股为泰利尔带来了急需的资金支持，缓解了其因资金链断裂而面临的财务困境，为其后续经营和重组提供了宝贵的时间窗口。而且，新股东的加入也带来了先进的管理理念和管理经验，促进了泰利尔治理结构的优化。更为重要的是，债转股的成功实施向市场传递了积极信号，表明泰利尔得到了债权人的认可和支持，有助于恢复市场信心。

由此可见，以债权换股权的债务重组方式，在解决企业债务问题、优化资本结构、保障债权人利益等方面具有显著优势。本节的债转股实践案例也向我们展示了这一机制在实际操作中的可行性和有效性。企业在实施过程中，在充分考虑各种因素的条件下，制定出科学合理的策略，将这种对双方企业均利大于弊的资本运作模式顺利实施。

合资控股：与目标企业各自出资组建新法人单位

合资控股，又称注资入股，是企业间合作与并购的一种特殊的企业合作形式，是并购方与目标企业按照约定的出资比例共同出资，组建一个新的、具有独立法人资格的企业实体。在这一过程中，目标企业通常以资产、土地、人员等资源作为出资，而并购方则以其技术、资金、管理经验等无形资产进行投入，并占据新公司的控股地位。

这种通过并购方与目标企业各自出资组建新的法人单位的模式，实现了双方资源的有效整合与优势互补，具体包括技术、资金、市场、品牌等多方面的资源共享。合资控股根据双方的具体需求和战略目标，灵活设计合作模式和股权结构。再通过股权结构的设计，合资双方能够按照出资比例分享新公司的经营成果。而新公司作为独立法人，独立承担经营风险，还能减轻并购方和目标企业的单一风险压力。

合资控股的操作流程分为前期准备、开启合作、确认合作与具体实施四个阶段，每个阶段都有多项具体的工作。各企业根据实际情况而定，在此给出仅供参考的流程。

1. 前期准备阶段——调研与沟通

（1）市场调研：对目标企业进行全面的市场调研，了解其经营状况、市场前景、技术实力等，评估其合作价值。

（2）尽职调查：对目标企业进行详尽的尽职调查，包括财务状况、法律合规性、潜在风险等，确保合作的安全性。

（3）合作意向沟通：双方就合作意向进行初步沟通，明确合作目的、合作范围、出资比例等关键事项。

2. 开启合作阶段——协商与谈判

（1）合作协议草拟：根据前期准备工作的结果，双方共同草拟合作协议，明确合作的具体条款和条件。

（2）出资方式与比例确定：明确双方的出资方式（如现金、实物、知识产权等）和出资比例，确保出资的公平性和合理性。

（3）公司治理结构设计：协商确定新公司的治理结构，包括董事会、监事会、管理层等机构的设置和职责划分。

3. 确认合作阶段——审批与注册

（1）内部审批：双方各自完成内部审批程序，确保合作符合各自的战略规划和决策流程。

（2）政府审批：根据相关法律法规的要求，向政府相关部门提交合作申请，并获得必要的审批和许可。

（3）公司注册：完成所有审批程序后，双方共同前往工商局办理新公司的注册手续，领取营业执照。

4. 具体实施阶段——运营与管理

（1）资源整合与优化配置：根据合作协议和公司章程的规定，对双方资源进行整合和优化配置，确保新公司的高效运营。

（2）经营管理：新公司按照既定的经营策略和管理模式进行运营，并购方和目标企业共同参与决策和管理。

（3）风险防控：建立健全的风险防控体系，对可能出现的风险进行预警和防范，确保新公司的稳健发展。

某传统制造业企业（以下简称"A 企业"）在行业内拥有较高的市场份额和品牌影响力，但面临技术升级和产业升级的迫切需求。同时，一家专注于智能制造技术的科技公司（以下简称"B 公司"）拥有先进的技术和丰富的行业经验，但缺乏市场推广和产业化应用的平台。为了实现双方的优势互补和共同发展，A 企业与 B 公司决定通过合资控股的方式组建新公司（以下简称"C 公司"）。

A 企业与 B 公司经过多轮市场调研和尽职调查后，对彼此的合作价值有了深入的了解。双方就合作意向进行了多次沟通，明确了合作目的、合作范围、出资比例等关键事项。经过协商，双方决定以 A 企业的资产、土地和人员为主要出资，B 公司以技术、专利和资金为出资，共同组建 C 公司。A 企业将占据 C 公司的控股地位，负责新公司的整体运营和管理。

A 企业与 B 公司共同草拟了详细的合作协议，明确了双方的出资方式、出资比例、公司治理结构、利润分配等关键条款。合作协议经过双方内部审批程序后，获得了各自高层的批准。随后，双方向政府相关部门提交了合作申请，并顺利获得了必要的审批和许可。

在完成所有审批程序后，A 企业与 B 公司共同前往工商局办理 C 公司的注册手续，领取了营业执照。C公司成立后，迅速展开了资源整合与优化配置的工作。A企业利用其在制造业领域的深厚积累和广泛资源，为C公司提供了稳定的供应链和生产基础。同时，B公司则将其先进的智能制造技术和丰富的行业经验注入C公司，推动了生产线的智能化改造和产品的升级换代。

C公司成功实现了生产线的智能化打假，生产效率较A企业与B公司都有显著提升，产品质量更加稳定可靠。新产品凭借先进的技术和卓越的性能，在市场上打开了突破口。同时，借助A企业的品牌影响力和市场渠道，C公司的产品得以迅速覆盖到更广泛的客户群体。B公司的技术实力也为C公司赢得了多个重要项目的合作机会，进一步拓宽了市场领域。

随着产品销量的增加和生产效率的提升，C公司的经营业绩显著提升。A企业与B公司按照合作协议约定的利润分配比例，共享了新公司的经营成果，实现了互利共赢。

通过以上理论加案例的阐述可以得出，合资控股作为一种有效的企业合作形式，在资源整合、风险共担、利益共享等方面具有显著优势。合作双方（或多方）企业通过加强沟通与交流、加大研发投入、优化市场策略等措施的实施，可以实现合资控股的成功运作。A企业与B公司通过合资控股组建C公司的实践案例充分证明了这一点，为其他企业在寻求合作与发展时提供了有益的借鉴和参考。

杠杆收购：利用目标企业的经营收入支付兼并价金

杠杆收购（Leveraged Buyout, LBO），是指收购方通过大量举债（通常是银行贷款、发行债券等方式）筹集资金，以较少的自有资本投入，完成对目标公司的收购。在收购完成后，收购方利用目标企业的经营收入和现金流来偿还债务，最终实现对目标企业的控制和管理。

杠杆收购作为一种高风险、高收益的企业并购方式，通过资金杠杆效应，放大自有资本的效应，使得收购方能够以较小的资本投入控制更大的资产（见图4-2）。因此，收购过程高度依赖债务融资，债务成本的高低直接影响到收购的成败和未来的财务压力。但一旦收购成功并成功整合目标企业，其带来的收益也极为可观。

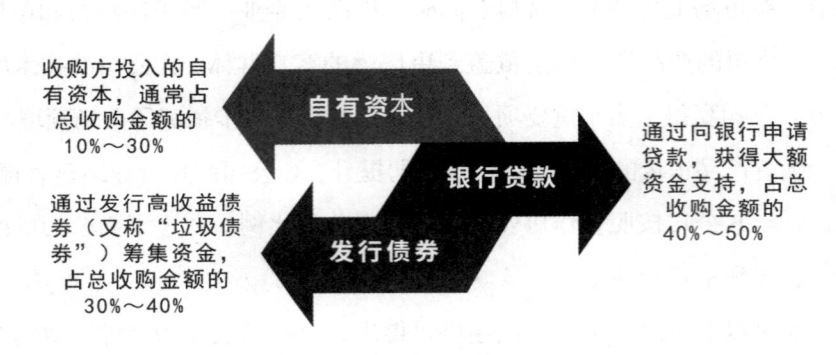

收购方投入的自有资本，通常占总收购金额的10%～30%　自有资本　通过向银行申请贷款，获得大额资金支持，占总收购金额的40%～50%

银行贷款

通过发行高收益债券（又称"垃圾债券"）筹集资金，占总收购金额的30%～40%　发行债券

图4-2　杠杆收购的资金筹集

注：发行债券的成本较高，但能够迅速筹集到所需资金。

杠杆收购往往着眼于目标企业的长期价值提升，通过优化运营、市场扩展等手段提升盈利能力，以偿还债务并实现增值。

鉴于对目标企业长期价值的肯定，杠杆收购过程的第一步就是要对目标企业进行尽职调查。包括财务状况、市场前景、法律合规性等方面，以确保收购的可行性和安全性。再根据尽职调查的结果和双方谈判的结果，设计交易结构，包括收购价格、支付方式、债务安排等。

通过银行贷款、发行债券等方式筹集收购所需资金。然后完成股权转移和交割手续，收购方正式成为目标企业的控股股东。

随后，收购方需要对目标企业进行整合和优化，包括管理层调整、业务重组、流程优化等，以提升其盈利能力和市场竞争力。通过市场扩展、产品升级、品牌建设等手段，提升目标企业的市场价值和盈利能力。用目标企业的经营收入和现金流偿还债务，逐步降低财务风险。

20世纪80年代，美国雷诺兹-纳贝斯克（RJR Nabisco）公司收购案被誉为"世纪大收购"，是杠杆收购领域的经典案例。雷诺兹-纳贝斯克作为当时美国最大的食品和烟草生产商之一，拥有奥利奥、乐芝饼干、温斯顿和塞勒姆香烟等多个知名品牌。然而，随着市场环境的变化和内部管理的问题，雷诺兹-纳贝斯克的股价出现大幅下跌，为杠杆收购提供了契机。

1988年10月，雷诺兹-纳贝斯克公司的高级管理人员以罗斯·约翰逊为首，向董事会提出管理层收购公司股权的建议。他们认为公司股价被严重低估，希望通过杠杆收购的方式回购公司股份，从而提升股东价值。管理层提出的收购价为每股75美元，总计170亿美元。然而，这一提议并未获得股东们的广泛支持。

不久之后，华尔街著名的收购公司KKR（Kohlberg Kravis Roberts & Co.）加入竞争行列。KKR以其强大的资本实力和丰富的收购经验，迅速成为这场收购战的主要对手。经过6个星期的激烈争夺，KKR最终以每股109美元的价格胜出，总收购金额高达250亿美元。

KKR在收购过程中大量运用杠杆融资策略。KKR本身动用的资金仅1500万美元，而其余99.94%的资金都是通过发行垃圾债券筹集而来。

尽管KKR成功完成了对雷诺兹-纳贝斯克的收购，但随之而来的债务压力却异常沉重。收购完成后，雷诺兹-纳贝斯克背负了高达250亿美元的债务，每年的利息支出就成了一个巨大的财务负担。为了偿还这些债务，KKR和雷诺兹-纳贝斯克的管理层不得不采取一系列措施来优化成本结构、提升运营效率，并寻求新的利润增长点。

在整合阶段，KKR 对雷诺兹-纳贝斯克进行了大刀阔斧的改革。首先，削减了不必要的开支，包括裁员、减少营销费用等，以降低运营成本。同时，还对雷诺兹-纳贝斯克的业务结构进行了调整，将资源更多地集中在盈利能力较强的品牌和产品上，剥离了那些表现不佳或增长潜力有限的业务。

此外，KKR 还加强了对雷诺兹-纳贝斯克的管理监督，引入了更为严格的财务管理和绩效评估体系。鼓励管理层采取更为积极的市场策略，加大研发投入，以推动产品创新和市场扩张。这些措施在一定程度上提升了雷诺兹-纳贝斯克的市场竞争力和盈利能力。

然而，KKR 对雷诺兹-纳贝斯克的收购和整合并非一帆风顺。一方面，由于债务压力巨大，雷诺兹-纳贝斯克不得不通过高杠杆运营维持现金流的稳定，增加了公司的财务风险。另一方面，KKR 的激进管理策略也引发了外界的广泛争议和批评。一些人认为 KKR 过于注重短期利润和成本控制，而忽视了企业的长期发展和员工利益。

尽管面临诸多挑战和争议，KKR 最终还是成功地将雷诺兹-纳贝斯克带出了困境。通过一系列有效的整合、管理和经营措施，雷诺兹-纳贝斯克逐渐恢复了盈利能力，并成功偿还了大部分债务。这场收购案不仅为 KKR 带来了丰厚的回报，也进一步巩固了其在杠杆收购领域的领先地位。

但是，雷诺兹-纳贝斯克收购案也留下了深刻的教训。它让人们意识到杠杆收购虽然能够带来高额的回报，但也伴随着巨大的财务风险和管理挑战。因此，在进行杠杆收购时，收购方必须充分评估自身的实力和风险承受能力，制订合理的融资和整合计划，以确保收购的成功和可持续发展。

杠杆收购不仅仅是一场短期的财务游戏，更是对目标企业长期价值创造的深度挖掘。成功的杠杆收购案例往往涉及对被收购企业的战略转型、业务重组和市场扩展等多方面的努力。这种长期价值创造的视角要求收购方在收购之初就具备清晰的战略规划和愿景，并在整合过程中持续投入资源和管理精力，确保目标企业能够按照既定的战略路径发展。

总之，杠杆收购作为一种高风险、高收益的企业并购方式，在推动企业快速发展和资源整合方面具有重要作用。然而，在进行杠杆收购时，收购方必须充分评估自身的实力和风险承受能力，制订合理的融资和整合计划，并密切关注市场环境的变化，以应对可能出现的各种风险。通过谨慎的决策、周密的准备和灵活的策略调整，收购方可以最大限度地发挥杠杆收购的优势，实现企业与股东的共同价值最大化。

第五章　融资中的资本战争

内部融资：通过内部积累的资金支持经营与扩张

面对外部融资的种种挑战，如高昂的融资成本、复杂的审批流程以及可能带来的控制权稀释等问题，越来越多的企业开始重视并采用内部融资的方式，即通过企业自身积累的资金来支持其经营与扩张活动。因此，内部融资是企业利用自身经营活动产生的现金流、留存收益、折旧与摊销等内部资源，通过内部积累的方式筹集资金，以满足企业日常运营、投资扩张或偿还债务等资金需求的一种融资方式。

内部融资不仅能够有效降低融资成本，提升资金使用的灵活性，还能够增强企业的自主性和抗风险能力。具体优势如下。

（1）成本低廉：与外部融资相比，内部融资无须支付额外的利息或股息，降低了融资成本。

（2）风险可控：使用自有资金进行投资，减少了因外部融资带来的债务压力和控制权稀释风险。

（3）灵活性高：内部融资不受外部市场环境和金融机构政策的影响，企业可根据自身需要灵活安排资金使用。

（4）提升信心：内部融资展现了企业良好的盈利能力和财务状况，有助于提升投资者和债权人的信心。

内部融资的顺利实施离不开高效的企业管理。企业应持续优化内部管理流程，提升运营效率，减少不必要的开支，从而增加内部积累的资金。同时，加强内部控制，防范财务风险，确保资金使用的合规性和安全性。通过建立完善的财务管理体系和监督机制，企业可以更好地掌握自身的财务状况，为内部融资提供有力保障。

在内部融资的过程中，企业需要密切关注市场趋势和潜在风险，及时调整经营策略和投资方向。通过深入分析市场需求、竞争格局和政策环境等因素，企业可以更加准确地判断市场趋势，为内部融资决策提供科学依据。并在此基础上建立完善的风险防控体系，加强风险评估和预警机制，确保企业在面临市场波动和风险挑战时能够迅速应对，保持稳健发展。

企业应培养积极向上的企业文化，树立共同的价值观和发展目标，激发员工的归属感和责任感。通过加强团队建设、开展员工培训和激励活动等方式，提升员工的专业能力和工作积极性，为企业的内部融资提供有力的人才支持。

在探索内部融资的过程中，企业应积极借鉴其他成功企业的案例和经验。通过参加行业交流、研讨会等活动，了解其他企业在内部融资方面的成功做法和遇到的挑战，从中吸取经验和教训。还应加强与金融机构、咨询公司等机构的合作，获取专业的融资咨询和服务支持，为企业的内部融资提供更加全面和深入的指导。在借鉴成功企业方面，我们强烈推荐向专注于通信设备的研发、生产和销售的华为学习。

华为凭借卓越的技术实力和强大的市场竞争力，在全球范围内赢得了广泛的客户认可和市场份额。高盈利能力为华为提供了充足的内部资金来源。华为始终注重研发投入和产品创新，通过不断推出符合市场需求的高质量产品，保持了较高的盈利水平。这些利润不仅用于支付股东股息，还大量留存用于企业未来的发展需要。

华为建立了完善的现金流管理制度，通过精确的现金流预测和严格的成本控制，确保了现金流的稳定和充足。华为在收款和付款方面均采取了严格的信用政策和风险控制措施，有效降低了坏账损失和资金占用成本。同时，华为还通过优化库存管理和应收账款管理，提高了资金的使用效率。

华为实施了独特的员工持股计划，将员工利益与企业发展紧密绑定在一起。通过发行内部股和股权激励等方式，华为吸引了大量优秀人才加入公司，激发了员工的积极性和创造力。员工持股计划的实施也进一步增加了华为的内部资本积累，为企业的长期发展提供了强有力的资金支持。

虽然华为高度依赖内部融资来支持其经营与扩张活动，但并未完全排斥外部融资。在必要时，华为也会通过银行贷款、发行债券等多元化融资渠道来补充资金。然而，这些外部融资通常只是作为内部融资的补充和辅助手段，以保持企业的财务稳健和灵活性。

通过多年的内部融资实践，华为不仅成功实现了全球范围内的快速扩张和持续发展，还保持了较高的盈利水平和市场竞争力。内部融资为华为提供了稳定的资金来源和较低的融资成本，使得企业能够灵活应对市场变化和风险挑战。那么，华为内部融资的实施策略可以为其他企业带来哪些启发呢？主要有四个方面，做好这些工作，任何企业都可以开启内部融资计划（见图5-1）。

优化现金流管理	合理分配利润
企业应建立完善的现金流管理制度，加强对现金流的预测、监控和调控，确保在满足日常运营需求的同时，有足够的资金储备用于投资扩张	企业通过设置较高的留存比例或发行内部股等方式，将利润转化为企业内部资本，在保障股东利益的同时，留存足够利润用于企业未来发展所需
提高盈利能力	资产管理
企业应通过提高产品质量、优化生产流程、加强市场营销等方式，不断提升盈利能力，从而增加内部积累的资金量	企业应加强资产管理，提高资产使用效率。如对现有资产进行定期评估和优化配置，减少闲置和浪费，提高资产的流动性和盈利能力

图5-1　华为内部融资实施策略的启发

内部融资作为一种低成本、低风险、高灵活性的融资方式，在企业的经营与扩张过程中发挥着重要作用。通过优化现金流管理、提高盈利能力、合理分配利润和加强资产管理等措施，企业可以不断提升自身的内部融资能力。

在未来的发展中，企业应继续深化对内部融资的理解和应用，并不断探索和完善内部融资机制，以更好地支持其经营与扩张战略。

股权融资：通过发行股票、配股、增发新股等方式筹集资金

股权融资作为企业筹集资金的重要手段之一，在现代商业环境中发挥着不可或缺的作用。股权融资是企业通过发行股票、配股、增发新股等方式，向投资者募集资金的一种融资方式。在此过程中，企业会将部分所有权转让给投资者，以换取资金支持并增加企业价值。股权融资无须还本付息，但新股东将与老股东共享企业的盈利与增长。这种方式不仅能够为企业提供长期稳定的资金来源，还能够增强企业的资本实力和市场竞争力。股权融资的主要形式包括：

（1）首次公开发行（IPO）。企业在证券交易所上市前，首次向公众发行股票。通过IPO，企业可以大规模地募集资金，提升品牌知名度和市场声誉。IPO通常需要经过严格的审核程序，包括财务审计、法律尽职调查等，以确保企业的合规性和投资价值。

（2）增发新股。已经上市的企业，在现有基础上发行额外的股票，以募集资金。增发通常用于企业扩大规模、增加资本金、偿还债务或进行重大投资决策。相对于IPO，增发的融资周期较短，风险相对较低，且对于

企业的限制较少。

（3）配股。已经上市的企业向现有股东发行新股，以筹集资金。在配股过程中，企业会按照现有股东的持股比例，向他们分配新发行的股票。这种方式既能保护现有股东的利益，又能满足企业的资金需求。

（4）优先股融资。企业向投资者发行优先股，以获得资金支持。优先股在分红和清算时享有优先权，但通常不享有表决权。这种方式可以吸引那些追求稳定收益的投资者，同时也能为企业提供灵活的股权结构调整空间。

（5）私募股权融资（Private Equity, PE）。企业通过向特定投资者（如风险投资公司、私募股权基金等）出售股份，筹集资金的方式。这种融资方式通常不需要在公开市场进行信息披露，灵活性较高，且投资者往往能够为企业提供除了资金以外的管理、技术等方面的支持。

（6）股权众筹。是通过互联网平台向大众募集资金的一种股权融资方式。在股权众筹中，企业可以通过互联网平台向广大投资者发行股票，并获得资金支持。股权众筹降低了融资门槛，使更多的中小企业能够获得发展所需的资金，同时也让投资者能够参与到企业的成长中来。

蚂蚁金服（现更名为蚂蚁集团）的前身是阿里巴巴集团旗下的支付宝业务。在支付宝独立运营并发展壮大的过程中，阿里巴巴集团通过多次内部增资和引入外部投资者的方式，为支付宝筹集了大量的资金。

随着支付宝业务的不断发展，蚂蚁金服开始吸引更多的战略投资者，包括国内外知名的金融机构、科技公司和私募股权基金等。他们看中了蚂蚁金服在金融科技领域的领先地位和巨大的市场潜力，纷纷投入巨资支持其发展。这些战略投资者的引入为蚂蚁金服带来资金支持的同时，也带来了丰富的行业资源和市场经验。

2020年，蚂蚁金服正式在港交所上市，募集资金达300亿美元，成为当时全球规模最大的 IPO 之一。通过 IPO 上市，蚂蚁金服在资本市场上表现越发出色，股价持续上涨，为投资者带来了丰厚的回报。

蚂蚁金服在股权融资过程中采取了多种策略相结合的方式，以确保融资的顺利进行和企业的稳定发展。具体来说，其策略包括以下几个方面：

首先是明确融资目标。蚂蚁金服在融资过程中始终保持着清晰的融资目标和计划。无论是早期的内部增资，还是后续的 IPO 上市，都围绕着企业的发展战略和市场需求进行规划和布局。

其次是选择合适的融资方式。蚂蚁金服根据自身的实际情况和市场需求，灵活选择了多种融资方式。在上市前，蚂蚁金服通过内部增资和引入战略投资者的方式筹集资金；在上市后，则通过发行新股和配股等方式进一步扩大融资规模。

再次是注重投资者关系管理。蚂蚁金服高度重视与投资者的关系管理，积极与投资者保持沟通和互动。通过定期发布财务报告、召开投资者会议等方式，及时向投资者披露企业的运营情况和未来发展计划，增强了投资者的信心和信任。

最后是强化风险控制。在融资过程中，蚂蚁金服通过建立健全的风险管理体系和合规机制，确保融资活动的合法性和稳健性。同时，蚂蚁金服还加强了对投资项目的筛选和评估，降低了投资风险，保障了股东的利益。

由此可见，股权融资作为企业筹集资金的重要方式之一，在蚂蚁金服的成长历程中发挥了关键作用。其他企业可以学习借鉴蚂蚁金服借助股权融资推动企业实现更高质量发展的资本运作模式，筹集资金，扩大规模，不断实现自身的成长和价值创造目标。

债权融资：通过向债权人借款或发行债券等方式筹集资金

除了股权融资外，债权融资作为另一种重要的筹资方式，在企业的资本结构中扮演着关键角色。债权融资是企业通过向银行、非银行金融机构、个人投资者等债权人借款或发行债券等方式筹集资金的过程。与股权融资不同，债权融资不会改变企业的股权结构，也不会稀释原有股东的权益。债权人在提供资金的同时，会获得一定的利息收益，并在约定的期限内收回本金。债权融资具有灵活性高、融资速度快、成本相对较低等特点，是企业常用的一种融资方式。债权融资的形式主要包括：

（1）银行贷款。企业根据自身经营需要和信用状况，向银行申请不同期限和额度的贷款。银行贷款通常需要提供抵押物或担保措施，以降低银行的贷款风险。同时，银行会对企业的财务状况、经营状况和还款能力进行严格审查，以确保贷款资金的安全性和效益性。

（2）发行债券。企业通过公开市场或私募方式向投资者发行债券，以筹集资金。债券是一种债务凭证，约定了债券持有人（债权人）与企业（债务人）之间的权利和义务关系。债券持有人享有按期收取利息和到期收回本金的权利，而企业需要按照约定支付利息和本金。发行债券通常需要经过评级机构的信用评级，以反映企业的信用状况和风险水平。

（3）商业信用融资。企业在日常经营活动中，利用与供应商、客户之间的商业信用关系进行融资。例如，企业可以通过赊购原材料、预收客户货款等方式，延迟支付供应商款项或提前收取客户款项，从而获取短期资金支持。商业信用融资具有成本低、手续简便等优点,但通常需要企业具备良好的商业信誉和稳定的业务关系。

(4)租赁融资。企业通过租赁方式获得所需资产并分期支付租金的一种融资方式。允许企业在不承担大额初期资金支出的同时,灵活获取设备、机械等生产工具。租赁融资减轻了企业的财务压力,加速了资产更新换代的步伐,提升了运营效率。

(5)企业信托融资。企业借助信托机构平台,通过发行信托产品筹集资金的一种融资方式。即利用信托的法律结构,将资金从投资者手中汇集并投向企业项目,实现资金的有效配置。企业信托融资灵活性强,融资成本低,能够满足企业多样化的资金需求。

(6)民间借贷。企业间或企业与个人间非经金融机构进行的资金借贷行为,通常手续简便、融资速度快,能满足企业短期资金需求。然而,民间借贷利率较高,且存在一定的法律风险,如合同效力、利率合规等问题。企业需谨慎选择借贷对象,确保合法合规,避免引发法律纠纷。

2020年4月,小米在港交所发布公告,将向专业投资者至少发行5亿美元的10年期债券,主要用于一般公司用途及偿还现有借款。这一融资举动标志着小米在资本市场上的又一重要里程碑。

当月稍早时候,小米首次在中国境内发行债券——金额为10亿元人民币的"熊猫债"(指境外和多边金融机构等在华发行的人民币债券)。

债券的发行吸引了众多知名金融机构和专业投资者的关注,体现了市场对小米未来发展前景的强烈信心。在筹备过程中,小米充分展示了其强大的品牌影响力和稳健的财务状况,为债券的成功发行奠定了坚实的基础。通过严格的信息披露和透明的财务报表,小米向投资者传递了清晰的业务发展计划和还款保障措施,有效降低了投资者的担忧和不确定性。

本次债权融资的成功,为公司筹集到了大量低成本资金,进一步优化了公司的负债结构。这些资金被小米用于全球范围内的业务拓展、产品研发以及市场推广等多个方面，为公司的持续健康发展提供了有力支持。

由此可见，债权融资以其灵活性、成本相对较低以及不影响股权结构等优势，在企业发展过程中发挥着不可替代的作用。通过向债权人借款或发行债券等方式，企业能够获得必要的资金支持，以满足其经营、扩张和研发等方面的资金需求。

项目融资：企业以项目的未来收益为预期筹集资金

项目融资，是企业以特定项目的未来收益作为还款来源，通过一系列金融安排从投资者手中筹集资金的过程。这种融资方式不仅有助于解决企业资金短缺的问题，还能有效分散风险，促进资源的合理配置。

项目融资是一种无追索权或有限追索权的融资方式，其最大特点在于资金的偿还主要依赖于项目本身的现金流和收益，而非借款企业的整体资信。在项目融资中，贷款方通常会对项目的经济性、技术可行性、市场前景等进行详细评估，以确保项目能够产生足够的现金流来覆盖融资本息。此外，项目融资还常常涉及多方参与，包括项目发起人、贷款人、担保方、保险公司等，各方通过复杂的合同安排共同分担风险和收益。

项目融资的形式多样，包括但不限于以下几种：

（1）贷款融资：企业通过与银行或其他金融机构签订贷款协议，以项目未来收益作为还款保证，筹集项目建设所需的资金。

（2）债券融资：企业发行以项目未来收益为支持的债券，向广大投资者筹集资金。这种债券通常被称为"项目债"。

（3）股权融资：项目发起人通过出售项目企业的部分股权给投资者，

筹集资金并分享项目未来的收益。

（4）合资/合作经营：企业与其他企业或个人合作，共同出资建设并运营项目，收益按投资比例分配。

项目融资的实施是一项系统工程，从融资前的准备，到融资进行中，再到融资后的各项工作，一般都需要切实执行以下七步（见图5-2）。

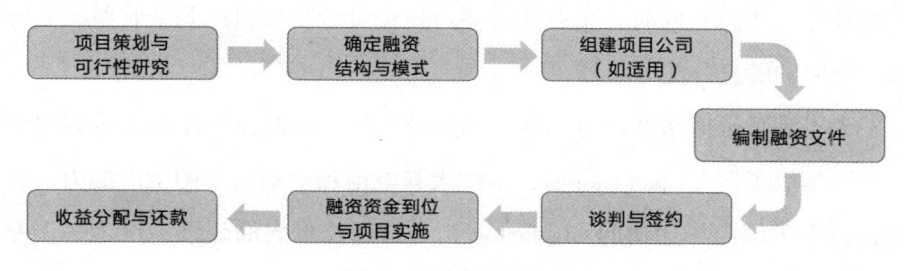

图5-2　项目融资流程

在项目融资的初始阶段，企业需要对项目进行全面的策划和可行性研究，明确项目的投资规模、建设周期、预期收益等关键信息。这一阶段的工作将为后续的融资决策提供重要依据。

然后根据项目的特点和市场需求，企业需要选择合适的融资结构和模式。包括确定融资总额、融资期限、利率水平、还款方式等关键条款，以及选择合适的融资工具（如贷款、债券、股权等）。

对于复杂的项目，企业可能会选择组建专门的项目公司来负责项目的建设和运营。项目公司的成立有助于明确项目的责权利关系，降低融资过程中的交易成本和风险。

企业还需编制详细的融资文件，包括项目建议书、可行性研究报告、融资计划书、担保文件等。这些文件将作为向投资者展示项目价值、评估项目风险的重要依据。

在融资文件编制完成后，企业需要与潜在投资者进行谈判，就融资的具体条款进行协商。谈判成功后，双方将签订融资合同，明确各自的权利和义务。

融资资金到位后，企业即可按照项目计划进行建设和运营。在项目实施过程中，企业需要密切关注项目的进展情况和资金使用情况，确保项目能够按计划顺利推进。

项目投产后，企业需要根据融资合同的约定，将项目产生的现金流用于偿还融资本息。同时，企业还需要与投资者分享项目的剩余收益（如股权融资中的股息分配）。

为了满足全球市场对电动汽车的强劲需求，特斯拉（Tesla）计划建设一系列超级工厂（Gigafactory），以扩大其电池和电动汽车的生产能力。其中，位于美国内华达州的 Gigafactory 1 是特斯拉最大的超级工厂之一，专注于电池的生产和电动汽车的组装。然而，超级工厂的建设需要巨额的资金投入，特斯拉需要寻求外部融资来支持项目的实施。

首先，特斯拉通过发行企业债券的方式筹集了部分建设资金。这些债券以特斯拉的信用和超级工厂项目的未来收益为支持，吸引了众多投资者的关注，还降低了其融资成本。

除了债券融资外，特斯拉还通过增发新股的方式筹集了更多的资金。特斯拉向现有股东和公众投资者出售了部分股权，筹集了大量现金用于超级工厂的建设和运营。股权融资不仅为特斯拉带来了急需的资金，还增强了公司的资本实力，为公司未来的扩张和研发提供了更多可能性。

特斯拉在融资过程中还积极利用美国政府提供的税收优惠和政策支持。作为清洁能源和电动汽车行业的领头羊，特斯拉得到了美国政府的高度关注和支持。政府通过提供税收减免、低息贷款等优惠政策，鼓励特斯拉加大投资力度，推动电动汽车产业的快速发展。

在融资资金的支持下，特斯拉超级工厂项目得以顺利推进。Gigafactory 1 的建设进展迅速，不仅大幅提高了特斯拉的电池生产能力，还推动了电动汽车成本的降低和性能的提升。随着项目的成功实施，特斯拉在全球市场的份额不断扩大，品牌影响力显著增强。

特斯拉超级工厂项目融资的成功案例，展示了项目融资的可行性和优势。通过合理的融资策略和实施计划，企业可以充分利用外部资金资源，推动项目的顺利实施和企业的快速发展。同时，项目融资也要求企业具备扎实的项目管理和风险控制能力，以确保项目的成功和资金的安全。

抵押融资：企业将财产用作抵押获得贷款

在企业运营的广阔舞台上，资金是驱动业务增长、实现战略目标的关键要素。然而，并非所有企业都能轻易获得足够的资金支持，尤其是在面临扩大生产、研发新产品或应对市场波动等关键时刻。此时，抵押融资作为一种传统而有效的融资方式，便成为众多企业的选择。

抵押融资，是借款人（在此为企业）将其拥有的财产（如房产、机器设备、存货等）作为担保物，向贷款人（如银行、非银行金融机构等）申请贷款的过程。在借款人未能按时偿还贷款时，贷款人有权根据贷款合同的约定，对抵押物进行处置以弥补损失。抵押融资的主要特点包括：

（1）安全性高：由于有抵押物作为还款保障，贷款人的风险相对较低，因此更容易获得贷款批准。

（2）融资额度大：相比无抵押贷款，抵押融资通常能获得更高的贷款额度，满足企业大额资金需求。

（3）利率较低：由于风险较低，抵押贷款的利率往往比无抵押贷款更为优惠。

（4）期限灵活：贷款期限可根据借款人的需求和还款能力进行调整，

灵活性较高。

首先企业需明确自身的融资需求，包括融资金额、期限、用途等。同时，评估并确定可用于抵押的财产，确保其价值足以覆盖贷款金额并符合贷款人的要求。

其次企业根据融资需求和抵押物情况，选择合适的贷款机构和产品。不同机构在贷款政策、利率、期限等方面存在差异，企业需综合考虑各方面因素做出选择。然后向选定的贷款机构提交贷款申请及相关资料，包括但不限于企业基本信息、财务报表、抵押物证明文件等。

贷款机构会先对申请资料进行审核，评估企业的信用状况、还款能力及抵押物的价值。贷款机构通常会委托专业机构对抵押物进行评估，以确定其价值。评估结果将作为确定贷款额度的重要依据。

贷款申请获批后，双方将签订贷款合同和抵押合同。合同中应明确贷款金额、利率、期限、还款方式、抵押物信息等关键条款。根据相关法律法规，需将抵押合同进行登记备案，以确保抵押权的法律效力。登记完成后，贷款机构将发放贷款至企业指定账户。

企业须按照贷款合同的约定按时还款。贷款结清后，双方须办理抵押物解押手续，恢复抵押物的原始权属状态。

某机械制造有限公司是一家专注于高端机床研发与生产的高新技术企业。为扩大生产规模，该公司引进先进生产线以提高产能和产品质量。这一计划需要巨额的资金投入，面对资金短缺的困境，该公司决定寻求外部融资支持。然而，作为一家高新技术企业，其资产主要以技术专利、知识产权等无形资产为主，难以直接用于抵押贷款。

经过深入分析，该公司认为其名下的一处位于工业园区、价值较高的厂房及生产设备，不仅价值稳定，且易于评估和管理，是理想的抵押物。于是，公司决定以这些资产为抵押，向当地一家银行申请抵押贷款。具体实施过程如下：

  1. 评估与选择：该公司对自身的财务状况、资金需求及抵押物进行了全面评估，并对比了多家银行的贷款政策和利率水平。最终，选择了一家在高新技术企业融资方面经验丰富、利率相对优惠的银行作为合作伙伴。

  2. 提交申请：该公司向银行提交了详细的贷款申请报告及相关资料，包括企业基本情况、财务状况、项目可行性研究报告、抵押物证明文件等。

  3. 评估与审批：银行在收到申请后，迅速组织专家团对该公司的资质、经营状况、还款能力以及抵押物的价值进行了全面评估。经过严格的审核流程，银行认可了该公司的项目前景和还款能力，并同意以公司厂房及生产设备为抵押物，提供所需额度的贷款。

  4. 合同签订：在双方达成一致后，该公司与银行签订了贷款合同和抵押合同。合同中详细规定了贷款金额、利率、还款期限、还款方式以及抵押物的具体信息和使用限制等条款。双方还就贷款发放、资金监管、违约处理等事项进行了明确约定。

  5. 抵押登记：为确保抵押权的法律效力，该公司按照银行的要求，向当地房地产管理部门和工商行政管理部门提交了抵押登记申请。经过审核，相关部门完成了抵押登记手续，并颁发了抵押权证书。

  6. 贷款发放：在抵押登记完成后，银行按照贷款合同的约定，将贷款资金一次性或分期划入该公司指定的银行账户。公司随即利用这笔资金启动了生产线扩建项目，采购了先进的生产设备，并加强了技术研发和人才培养。

  通过抵押融资，该公司成功解决了资金短缺的问题，为生产线扩建项目提供了有力的资金支持。该公司的抵押融资案例，充分展示了抵押融资在企业发展中的重要性和有效性。通过合理利用企业自身的固定资产作为抵押物，企业可以获得低成本、高效率的融资支持，从而解决资金短缺的问题。

贸易融资：企业支持进出口贸易活动而进行的短期资金融通

在全球经济一体化的背景下，国际贸易成为推动经济增长的重要引擎。然而，进出口贸易往往伴随着复杂的交易流程、较长的结算周期以及较高的资金需求，这对企业的资金链管理能力提出了严峻挑战。贸易融资作为一种专为支持进出口贸易活动而设计的短期资金融通方式，应运而生并迅速发展，成为企业解决资金瓶颈、促进贸易往来的重要手段。

贸易融资，是企业在国际贸易活动中，为了支持其进出口贸易活动而进行的短期资金融通。涵盖了从商品购买到销售回收货款全过程的多个环节，旨在解决企业在国际贸易中遇到的资金流动性问题。贸易融资的主要形式包括：

（1）信用证融资：企业以信用证为担保，向银行申请贷款或贴现等融资方式。利用信用证的高信用度，为企业提供灵活的资金来源。解决了买卖双方互不信任的问题，降低了交易风险。流程涉及开证申请、银行审核、发放融资。

（2）托收融资：企业通过银行托收其应收账款，以获取短期资金融通的方式。适用于应收账款多、资金周转需求大的企业。融资流程包括企业申请、银行审核、托收协议签订及资金放款。

（3）保理融资：企业将应收账款转让给银行或保理公司，获取资金融通的服务，银行或保理公司提供账款催收、坏账担保等综合服务。适用于账期长、资金需求大的企业。运作流程包括账款转让、保理商审核、融资发放及账款回收。

（4）福费廷：企业将远期应收账款无追索权地卖给银行或保理商，提前获得资金。适用于大额、长期应收账款管理，尤其适用于出口企业。银行或保理公司承担账款风险，企业实现资产优化。

（5）打包贷款：银行根据企业出口订单或信用证，为企业提供装船前融资的服务。企业以出口收汇权为抵押，获得短期资金支持。适用于出口导向型企业。银行负责审核信用证及订单，降低融资风险。

贸易融资为企业提供了更多的融资渠道和资金支持，有助于企业扩大生产规模、提升产品竞争力，进而拓展国际市场。

某国际贸易有限公司是一家专注于电子产品进出口贸易的企业，拥有多年的行业经验和广泛的客户基础。为扩大进口规模并提升出口产品质量，该公司逐步加大市场开拓力度。随着业务量的增加，公司的资金需求也日益增长，传统的融资方式已难以满足其快速发展的需要，亟须寻找一种高效、灵活的融资方式来支持其进出口贸易活动。然而，由于国际贸易的复杂性和不确定性，银行等传统金融机构在提供融资时往往要求较高的信用评级和抵押物，这对该公司而言构成了一定的挑战。为了解决资金问题，该公司采取了多元化的贸易融资策略（见图5-3）。

因为不同融资产品的利率、费用及条件各有差异，公司能够根据自身需求和市场情况，选择最合适的融资方案，实现成本最优化。

通过多元化的融资渠道和金融机构的专业服务，该公司成功解决了资金短缺问题，确保了进出口贸易活动的顺利进行。又因为贸易融资的灵活性和高效性，促进了公司运营效率的提升。公司能够更快地完成采购、生产和出口等环节，缩短贸易周期，提高资金周转率。提升了公司的盈利能力和国际竞争力。

→ 信用证融资	→ 保理融资
针对大额进口业务，该公司与国外供应商协商使用信用证作为支付方式。通过银行开立的信用证，公司无须提前支付货款即可获得所需商品，有效缓解了资金压力	针对出口业务中的应收账款问题，该公司与国内某知名保理公司合作，将部分应收账款转让给保理公司，获得即时的资金融通
→ 打包贷款	→ 供应链融资
为支持特定出口项目的资金需求，该公司向银行申请打包贷款。银行根据公司的出口合同和信用证等资料，为其提供了运输前的融资支持，确保项目的顺利进行	该公司利用供应链金融平台，与上下游企业建立紧密的合作关系，通过共享物流、信息流和资金流等方式，实现供应链整体的资金融通和优化

图5-3 某公司多元化贸易融资策略

贸易融资过程中，银行和其他金融机构会对贸易背景进行严格的审查，监控资金流向，确保融资资金用于指定的贸易活动。这种风险控制机制有效降低了公司的融资风险，增强了财务稳健性。

综上所述，贸易融资作为支持企业进出口贸易活动的重要金融工具，在解决资金短缺、降低交易成本、加速资金周转、拓展国际市场等方面发挥着不可替代的作用。未来，随着全球经济形势的不断变化和国际贸易环境的日益复杂，企业应继续探索和创新贸易融资模式，以适应市场需求的变化和提升自身的竞争力。

政策融资：企业利用政府政策获得资金支持

在经济转型升级、产业升级换代的背景下，为了促进企业的健康发展和产业升级，各国政府纷纷出台了一系列扶持政策，其中政策融资作为一种重要的资金支持方式，逐渐成为企业获取发展资金的重要途径。

政策融资，是政府通过制定相关政策，为符合条件的企业提供直接或间接的资金支持，以推动特定行业或领域的发展。其特点主要体现在以下几个方面。

（1）政策导向性：政策融资紧密围绕政府的经济政策和社会发展目标，具有明确的政策导向性。

（2）针对性强：政府通常会根据行业特点、企业规模、技术创新能力等因素，制定差异化的支持政策，以满足不同企业的融资需求。

（3）低成本或零成本：相比市场融资，政策融资往往具有更低的融资成本甚至零成本，降低了企业的财务负担。

（4）附加条件：政策融资往往伴随着一定的附加条件，如技术创新要求、就业增长承诺、环境保护标准等，以引导企业向政府期望的方向发展。

多种类型的政策融资为企业提供了低成本的资金支持，有效缓解了企业在研发、生产、销售等各个环节的资金压力，保障了企业的正常运营和持续发展（见图5-4）。政府往往将政策融资与技术创新紧密结合，通过提供研发补贴、技术改造资金等方式，激励企业加大技术研发投入，推动产品和服务的创新升级，进而推动产业结构的优化和升级换代，提升企业的核心竞争力。因此，通过政策融资的支持，企业可以加大市场推广力度，提升品牌知名度和市场占有率，进一步拓展国内外市场，实现企业的跨越式发展。

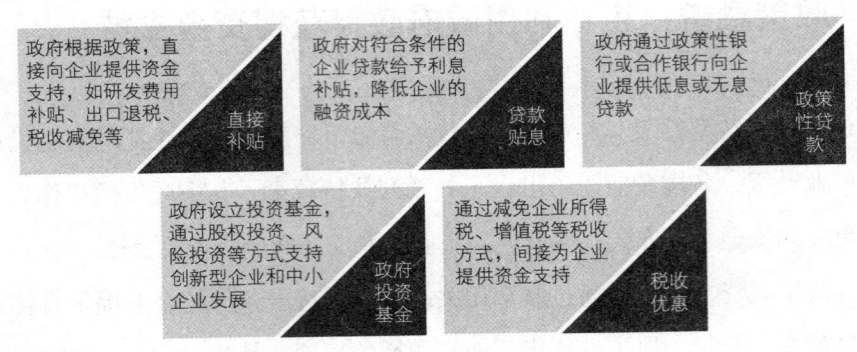

直接补贴	政府根据政策，直接向企业提供资金支持，如研发费用补贴、出口退税、税收减免等
贷款贴息	政府对符合条件的企业贷款给予利息补贴，降低企业的融资成本
政策性贷款	政府通过政策性银行或合作银行向企业提供低息或无息贷款
政府投资基金	政府设立投资基金，通过股权投资、风险投资等方式支持创新型企业和中小企业发展
税收优惠	通过减免企业所得税、增值税等税收方式，间接为企业提供资金支持

图5-4　政策融资的类型

绿动科技是一家专注于新能源技术研发和应用的高新技术公司，致力于太阳能、风能等可再生能源的开发利用。随着全球对环保和可持续发展的重视，该公司凭借先进的技术和优质的产品，在新能源领域取得了显著的成绩。为了持续推动技术创新和产业升级，该公司决定争取政府的政策融资支持，以不断拓展和技术创新。该公司的主要融资需求如下。

（1）研发费用补贴：用于对太阳能电池板、风力发电机等核心技术的研发和创新。

（2）技术改造资金：用于生产线的技术改造和升级，提高生产效率和产品质量。

（3）政策性贷款：用于扩大生产规模和市场推广，提升公司市场竞争力和品牌影响力。

在明确融资需求后，该公司积极与政府部门沟通对接，详细了解各项政策的具体内容和申请条件。通过精心准备申请材料，公司成功获得了多方面的政策融资支持。

首先是研发费用补贴。该公司凭借其在新能源领域的技术创新能力和研发成果，成功申请到了省级科技计划项目资金补贴，获得了千万元级别的研发费用支持。在研发费用补贴的支持下，该公司加大了对核心技术研发的投入，成功研发出多项具有自主知识产权的新能源技术，进一步提升了产品性能和市场竞争力。

其次是技术改造资金。在政府的引导下，该公司积极参与了技术改造项目申报工作。经过专家评审和公示程序，公司成功获得了技术改造资金支持。并引进了先进的生产设备和生产线，实现了生产流程的自动化和智能化。技术改造升级完成后，该公司在生产成本降低的情况下，生产效率提高了30%，产品的稳定性和可靠性也得到显著提升。

最后是政策性贷款。该公司积极与政策性银行合作，申请了低息贷款。政策性银行对公司的经营状况、市场前景和还款能力进行了全面评估后，决定提供数千万元的贷款支持。公司加大了对国内外市场的开拓力度，通过参加行业展会、举办产品发布会等多种方式提升品牌知名度。同时，公司还积极拓展销售渠道，与国内外多家知名企业建立了长期稳定的合作关系，市场份额显著扩大。

政策融资不仅为该公司提供了短期的资金支持，更重要的是为公司注入了可持续发展的动力。在政策的引导和激励下，公司更加注重技术创新和绿色发展，积极推动产业升级和转型，为实现绿色低碳的可持续发展目标不断努力。随着规模的扩大和业务量的增加，该公司积极履行社会责任，吸纳了大量劳动力，为当地就业市场做出了积极贡献。

由此可见，绿动科技公司的案例充分展示了政策融资对企业发展的重要作用。相信随着政府政策的不断完善和融资渠道的不断拓宽，更多企业将能够享受到政策融资的红利，实现更加健康、快速的发展。同时，企业也应积极适应政策变化，加强内部管理，提升核心竞争力，以更好地利用政策融资资源，推动自身高质量发展。

在推动政策融资的过程中，政府也应持续优化政策环境，简化审批流程，提高政策透明度和执行效率，确保政策融资资金能够精准、高效地投放到符合条件的企业和项目上。同时，政府还应加强监管和评估工作，以确保政策融资资金的使用效益和安全性。

第六章　投资中的资本博弈

股权投资：分享目标企业的经营成果和增长潜力

在全球化经济日益紧密的今天，企业为了实现跨越式发展、拓宽业务范围并增强市场竞争力，越来越多地选择通过股权投资的方式参与到其他企业的成长中来。股权投资，作为一种重要的资本运营手段，不仅能够帮助企业快速获取资金支持，更关键的是能够分享目标企业的经营成果和增长潜力，从而实现双方的共赢。

股权投资是企业通过购买目标企业的股权，从而获得该企业所有权的一部分，并期望通过持有股权参与企业的经营决策，分享其未来的经济收益。股权投资形式多样，包括但不限于直接股权投资、股权基金投资、风险投资等（见图6-1）。与债券等固定收益投资相比，股权投资具有更高的收益潜力和灵活性。

股权投资的核心在于分享目标企业的未来增长潜力。随着目标企业的业绩提升和市场扩张，投资企业所持股权的价值也将随之增加，从而实现投资回报的持续增长。这种增长潜力不仅来源于目标企业的收入增长和利润提升，还包括品牌价值、市场份额等多方面的提升。对于已上市或盈利能力强的目标企业，投资企业还有望获得稳定的分红收益。这些分红收入可以直接增加投资企业的现金流，提高整体盈利水平。

```
┌─直接股─┐   ┌─股权基─┐   ┌─风险─┐
│ 权投资 │   │ 金投资 │   │ 投资 │
└────────┘   └────────┘   └──────┘
```

| 投资企业直接购买目标企业的股票，成为其股东，直接参与企业的经营决策和利润分配 | 企业通过投资股权基金，间接持有多个企业的股权，实现投资组合的多样化和风险的分散 | 专注于投资初创或高成长型企业，以期在企业快速成长或上市时获得高额回报 |

图6-1 股权投资形式

通过股权投资，投资企业可以与目标企业建立紧密的合作关系，共享市场资源、技术和渠道，从而提升自身的市场地位和影响力。特别是对于跨界投资和战略投资，可以助力投资企业实现多元化发展和市场拓展。

在通货膨胀环境下，实物资产和企业价值往往会上升，从而带动股权投资的价值增长。相比之下，债券等固定收益投资容易受到通货膨胀的侵蚀，导致实际收益降低，股权投资在抵御通货膨胀方面具有较好的表现。

腾讯作为中国互联网巨头之一，其在股权投资领域的布局广泛且深入，涉及多个行业及领域。以下是腾讯股权投资的一个典型案例概述。

近年来，腾讯通过其战略投资眼光，成功布局了多家具有潜力的游戏开发工作室。例如，腾讯与索尼共同出资收购了知名游戏开发商 From Software 的部分股份，其中腾讯持股 16.25%。From Software 以其《黑暗之魂》和《艾尔登法环》等经典游戏而闻名，这一投资不仅巩固了腾讯在游戏领域的地位，也为其带来了更多优质的游戏内容和 IP 资源。

此外，腾讯还投资了新西兰游戏工作室 Studio MayDay（后改名为 Riffraff Games），该工作室在创意和游戏体验上独具特色，其开发的《致命框架》受到了业界高度评价。腾讯的此次投资，不仅展示了其对游戏创新性的重视，也体现了其全球化布局的战略眼光。

腾讯在对外投资时，不仅关注游戏领域，还积极布局其他新兴产业。比如，在医疗健康领域，腾讯投资了卓正医疗，成为其上市前的重要股东，持股比例高达19.39%。这一投资不仅有助于腾讯拓展医疗健康业务，也体现了其对社会责任的承担和长期价值的追求。

总的来看，腾讯的股权投资案例充分展示了其敏锐的市场洞察力和前瞻性的战略布局。通过精准的投资和持续的资源支持，腾讯不仅巩固了自身在核心业务领域的优势地位，还不断拓展新的业务领域，实现了多元化发展和长期价值的最大化。

股权投资作为一种高效的资本运营手段，能够帮助投资企业分享目标企业的经营成果和增长潜力。通过对腾讯股权投资的案例阐述，可以得到以下几方面启示。

（1）明确投资目标与策略。企业在进行股权投资前，应明确自身的投资目标与策略。包括确定投资领域、投资规模、投资期限以及风险承受能力等关键因素。通过深入分析市场和行业趋势，结合企业自身资源和优势，制订出切实可行的投资计划。

（2）精选目标企业。投资企业应关注具有长期增长潜力的行业和企业，如科技、新能源、医疗等领域。通过对目标企业的财务状况、管理团队、技术实力、市场前景等方面进行深入调研和评估，筛选出符合投资标准的优质目标企业。

（3）科学评估投资价值。在进行股权投资时，投资企业应对目标企业的价值进行科学评估。包括分析目标企业的盈利能力、现金流状况、市场地位以及潜在风险等因素。通过采用多种评估方法（如市盈率法、市净率法、DCF法等），得出合理的估值区间，为投资决策提供依据。

（4）优化投资结构。投资企业应通过优化投资结构来降低风险并提高收益。包括在投资组合中合理配置不同类型和领域的投资项目，避免过度集中于某一领域或行业；同时，也要根据市场变化和企业发展情况适时调整投资组合的比例和结构。

（5）建立完善的管理机制。为保障股权投资项目的顺利实施和有效管理，投资企业应建立完善的管理机制。包括设立专门的投资管理部门或团队，负责项目的筛选、评估、投资决策及后续管理等工作；制定完善的投资管理制度和流程规范；加强与被投资企业的沟通与协作等。

（6）注重人才培养：股权投资需要专业的人才来负责项目的筛选、评估、决策及后续管理等工作。投资企业应注重培养和引进具有丰富经验和专业知识的人才，提升股权投资的管理水平。

（7）注重投后管理。投资不仅仅是资金的投入，更重要的是后续的管理和支持。投资企业应加强对被投资企业的投后管理，提供必要的帮助和支持，促进被投资企业的快速成长。

总之，股权投资是企业实现跨越式发展的重要途径之一。通过科学合理的投资策略和管理机制，企业可以充分分享被投资企业的经营成果和增长潜力，实现自身的可持续发展。

债权投资：通过债权人身份获得定期收益

在金融市场日益复杂的今天，企业为了实现资金的优化配置和稳定回报，纷纷将目光投向债权投资领域。债权投资，作为一种通过成为债权人身份获取定期收益的投资方式，因其安全性高、收益稳定而备受企业青睐。

所谓债权投资，是企业作为投资者，通过购买债券、贷款或其他债务工具，成为债务人的债权人，享有在约定时间内收取本金和利息的权利。这种投资方式的核心在于投资者与债务人之间的债权债务关系，投资者通过提供资金给债务人，以获取未来稳定的收益（见图6-2）。

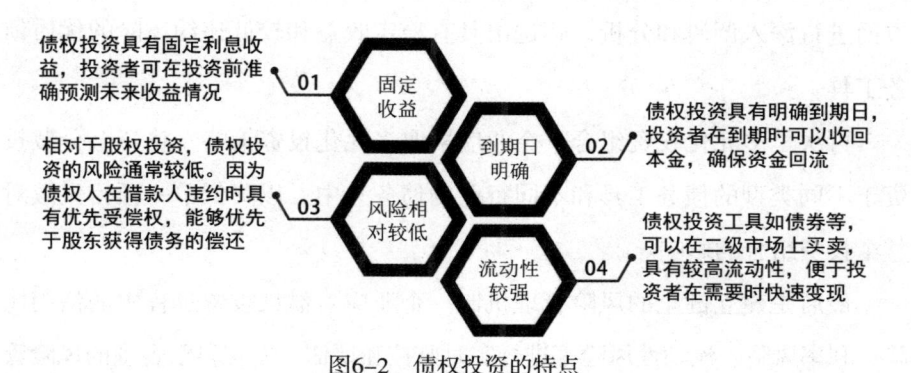

债权投资具有固定利息收益，投资者可在投资前准确预测未来收益情况 01 固定收益

债权投资具有明确到期日，投资者在到期时可以收回本金，确保资金回流 02 到期日明确

相对于股权投资，债权投资的风险通常较低。因为债权人在借款人违约时具有优先受偿权，能够优先于股东获得债务的偿还 03 风险相对较低

债权投资工具如债券等，可以在二级市场上买卖，具有较高流动性，便于投资者在需要时快速变现 04 流动性较强

图6-2 债权投资的特点

债权投资为企业提供了稳定的现金流来源。通过持有债券等债务工具，企业可以定期获得利息收入，有助于改善企业的现金流状况，支持企业的日常运营和未来发展。而且，相对于股权融资，债权融资的成本较低。因为债权融资不涉及股权的转让和控制权的稀释，对于需要资金支持但又不想失去控制权的企业来说，债权融资是一种更为合适的选择。

债权投资可以通过投资多个不同的债务工具，实现投资风险的分散。即使某个债务人出现违约情况，其他债务工具仍能为企业带来稳定的收益，从而降低整体投资风险。鉴于对风险的抵抗力，债权投资可以增强企业的财务杠杆效应。通过借入资金进行投资，企业可以扩大生产规模、拓展市场领域。

既然债权投资有诸多优势，那么如何实施才能将债权投资的价值发挥到最大呢？

首先是明确投资目标与风险偏好。企业在进行债权投资前，应明确自身的投资目标和风险偏好。根据企业的财务状况、经营计划和风险承受能力，确定合适的投资规模和投资期限，以确保债权投资与企业整体战略相一致。

其次是选择优质债务工具。企业应选择信用评级较高、还款能力较强的债务工具进行投资。通过对债务人的信用状况、经营情况、行业前景等方面进行深入调研和分析，筛选出具有稳定收益和较低违约风险的优质债务工具。

再次是多元化投资组合。企业应采取多元化投资策略，将资金分散投资于不同类型的债务工具和不同行业的债务人中，以降低单一项目失败对整个投资组合的影响。

最后是建立健全的风险管理机制。企业应对债权投资过程中的信用风险、利率风险、流动性风险等进行实时监控和评估，制定科学合理的风险管理措施和应急预案，确保在发生风险事件时能够及时应对和化解。

苹果公司（Apple Inc.）在资金管理和资本运作方面有着丰富的经验和独特的策略，其通过广泛的债权投资活动，不仅为自身带来了稳定的收益来源，还增强了企业的财务实力和市场竞争力。苹果的债权投资策略主要围绕以下几个方面展开：

（1）优质债券投资：苹果倾向于投资高信用评级的债券，如政府债券、大型企业债券等。这些债券具有较低的违约风险和稳定的利息收入，能够为苹果提供可靠的资金来源。

（2）多元化投资组合：苹果通过投资不同类型的债券和债务工具，构建了多元化的投资组合，提高了整体投资的稳定性和回报率。

（3）期限匹配管理：苹果注重债券投资的期限匹配管理，根据自身的资金需求和财务计划，选择合适期限的债券进行投资，确保在需要资金时能够及时收回投资本金和利息收入。

（4）灵活应对市场变化：苹果始终密切关注市场动态和利率变化情况，根据市场情况灵活调整投资策略和组合结构。在利率上升时增加短期债券投资比重，以锁定较低成本资金；在利率下降时增加长期债券投资比重，以获取更高的利息收入。

通过债权投资活动，苹果获得了稳定的利息收入来源，为企业的日常运营和未来发展提供了有力的资金支持。这些资金可以用于研发创新、市场拓展、供应链优化等多个方面，推动公司持续健康发展。

苹果作为优质债务人的形象，在市场上树立了良好的信誉。有助于公司在未来进行更多元化的资本运作活动时，获得更广泛的投资者认可。

然而，债权投资虽然相对稳健，但仍存在一定的风险。企业应建立健全风险管理机制，对投资过程中的各种风险进行实时监控和评估，确保风险可控，加强财务管理、内部控制和风险管理等方面的建设，为债权投资提供坚实的保障。

风险投资：承担较高风险以换取未来可能的高回报

企业对外进行风险投资，往往是为了实现战略布局和业务拓展。通过投资新兴领域或具有高增长潜力的企业，企业能够提前占据市场先机，构建竞争优势。这种前瞻性的投资不仅能够为企业带来新的增长点，还能促进其业务多元化，降低单一业务带来的风险。

技术创新是企业发展的核心驱动力。通过对外风险投资，企业能够获取前沿技术、专利和研发能力，推动自身产业升级和转型升级。特别是在高科技领域，新兴技术的不断涌现为企业带来了前所未有的发展机遇。通过投资这些领域的初创企业，企业能够快速掌握新技术，提升产品竞争力。

财务回报是企业对外进行风险投资的重要目的之一。通过投资具有高增长潜力的企业，企业有望在未来获得高额的投资回报。此外，风险投资还能帮助企业进行资本运作，优化资本结构，提高资金利用效率。

企业在进行对外风险投资时，应首先明确投资目标和定位，包括确定投资领域、投资阶段、投资规模和预期回报等关键要素，可以帮助企业制定科学的投资策略，避免盲目投资带来的风险。

在确定投资目标后，企业应进行深入的研究和尽职调查，包括对目标企业的财务状况、市场前景、技术实力、管理团队等方面进行全面的评估。尽职调查有助于企业了解目标企业的真实情况，降低信息不对称带来的风险。

为了降低投资风险，企业应构建多元化的投资组合，包括将资金分散投资于不同领域、不同阶段和不同风险的项目中，以实现风险分散和收益最大化。

风险管理是企业对外进行风险投资的核心任务之一。企业应建立完善的风险管理机制和监控体系，对投资项目的运营情况进行实时监控和评估。一旦发现潜在风险，企业要在第一时间采取措施，将投资风险消灭在萌芽状态。

特斯拉（Tesla）和SpaceX都是由埃隆·马斯克创办的知名公司。特斯拉是全球领先的电动汽车和清洁能源公司，而SpaceX则致力于推动可重复使用的太空飞行器的发展。这两家公司虽然业务领域不同，但在发展过程中却形成了紧密的交叉投资关系。

特斯拉和SpaceX之间的交叉投资不仅体现在财务层面，更体现在资源共享和技术合作方面。马斯克通过个人和公司的资金在两个企业进行投资，实现了资源的优化配置和高效利用。例如，特斯拉的电池技术和自动驾驶技术为SpaceX的火箭和飞船提供了重要的技术支持；而SpaceX在火箭回收和重复使用方面的技术创新也为特斯拉在电动汽车领域的成本控制和性能提升提供了启示。

通过交叉投资，特斯拉和SpaceX实现了风险共担和利益共享。两家公司在发展过程中都面临着巨大的技术和市场挑战，但通过相互支持和资源共享，它们能够共同应对这些挑战并实现快速发展。同时，交叉投资也为投资者带来了更多的投资机会和回报渠道。

特斯拉和SpaceX的交叉投资案例为企业对外进行风险投资提供了有益的启示。首先，企业在进行风险投资时应注重资源共享和技术合作，以实现优势互补和协同发展。其次，企业可以通过交叉投资来降低单一投资带来的风险，并实现风险共担和利益共享。最后，企业在进行风险投资时应保持敏锐的市场洞察力和战略眼光，抓住新兴领域和高增长潜力的投资机会。

企业对外进行风险投资，是追求创新与增长的必经之路。要求企业在高风险的环境中保持敏锐的洞察力，勇于探索未知领域，并通过科学的投资策略和严谨的风险管理实现高回报。

总之，企业对外进行风险投资已成为其实现跨越式发展、拓展新业务领域和获取高额回报的重要途径。通过对外风险投资，企业不仅能够获得财务上的收益，还能够在技术创新、市场拓展、品牌塑造等方面获得显著成效，为自身的转型升级和持续发展注入强大动力。

投资控股：通过投资将目标企业改组为子公司

在日益复杂多变的商业环境中，投资控股已成为企业实现快速扩张、资源整合和战略布局的重要手段。通过投资控股，企业不仅能够获得目标企业的控股权，还能将其改组为自己的子公司，从而在更大范围内优化资源配置，提升整体竞争力。

投资控股是企业通过向目标公司投资，获得其控股权，并将其改组为自己的子公司的行为。这种并购方式不仅涉及资金的转移，还包括对企业经营管理权的掌控和战略方向的引导（见图6-3）。

控股权的获得
投资控股的核心在于获得目标企业的控股权，从而实现对企业的全面控制和决策影响

资源整合
通过将目标企业改组为子公司，企业能够将其资源与自身资源进行有效整合，优化资源配置，提升整体运营效率

战略协同
投资控股有助于实现企业之间的战略协同，通过共享资源、技术和市场渠道，共同开拓市场，提升竞争力

长期性稳定性
相比其他并购方式，投资控股更注重长期效益和稳定性，有助于企业实现可持续发展

图6-3　企业投资控股的特点

投资控股，既有助于企业快速市场扩张，又能将风险分散降低。前者是借助目标企业的资源和渠道优势，迅速占领市场份额，提升品牌影响力。后者是将风险分散到不同的业务领域和地区，降低单一业务或地区带来的风险。通过投资控股，企业能够实现对目标企业的深度整合，共同实现更大的商业目标。

重庆小康工业集团股份有限公司（以下简称"小康股份"）拥有较强的技术实力和品牌影响力，随着新能源汽车市场的快速发展，小康股份亟须扩大产能、提升市场份额。在此背景下，小康股份决定通过投资控股的

方式，整合行业资源，实现快速扩张。

小康股份通过发行新股的方式，向东风汽车集团购买其所持有的东风小康汽车有限公司（以下简称"东风小康"）50%股权。交易完成后，东风小康成为小康股份的全资子公司，东风汽车集团则成为小康股份持股5%以上的法人股东。这一交易使得小康股份获得了东风小康的控股权，实现了双方资源的深度整合和战略协同。

小康股份与东风小康共同制定了新能源汽车领域的发展战略，推动技术创新和产业升级。且小康股份与东风小康在技术研发、供应链管理、市场营销等方面实现了资源共享和优势互补，合作研发新产品、新技术，提升了整体运营效率和市场竞争力。小康股份快速扩大了新能源汽车的生产能力，提升了市场份额。同时，借助东风小康的销售渠道和品牌影响力，进一步拓展了市场覆盖范围。

小康股份的投资控股案例为其他企业提供了有益的启示和借鉴。首先，企业应明确自身的战略目标和市场需求，选择合适的并购对象和并购方式。其次，在并购过程中应注重资源整合和战略协同，实现双方资源的优势互补和互利共赢。最后，企业应注重风险管理和可持续发展，通过资源整合和战略调整来降低风险并提升企业的长期竞争力。

但是，不可否认的是，投资控股在整合过程、市场运作和实际经营中，潜藏着诸多挑战，需要企业采取正确策略去应对。

（1）整合难度：不同企业之间在文化、管理、技术等方面存在差异，整合难度较大。

（2）市场风险：市场环境的变化和竞争对手的策略调整都可能给投资控股带来不确定性。

（3）经营风险：目标企业的经营状况可能受到多种因素的影响，如市场环境、政策法规等。

应对的策略并非逐项针对，而是要形成体系化，只要有危险发生，就需要以体系整体应对，才能化险为夷。具体策略如下。

（1）加强沟通与协调：在整合过程中，注重与目标企业的沟通与协调，建立有效的沟通机制，促进双方文化的融合和管理体系的对接。

（2）制订详细的整合计划：在投资控股前，制订详细的整合计划，包括组织架构调整、人员配置、业务流程优化等方面，确保整合过程有序进行。

（3）强化风险管理：建立完善的风险管理体系，对可能面临的市场风险、经营风险等进行全面评估，并制定相应的应对措施。同时，加强内部控制，确保企业运营的稳健性。

（4）注重人才培养与引进：投资控股后，注重目标企业人才的培养与引进，通过培训、激励等方式提升员工素质，为企业的持续发展提供人才保障。

（5）持续创新与技术升级：在整合过程中，注重技术创新和产品升级，加大研发投入，提升企业的核心竞争力。

通过投资控股，企业能够获得目标企业的控股权，将其改组为子公司，实现全方位整合与协同。如同本节的小康股份，其通过投资控股东风小康，实现了产能的快速扩张、市场份额的提升以及资源的深度整合。这类成功案例为其他企业提供了有益的借鉴和启示。在未来的发展中，企业应继续探索投资控股等并购方式的应用，不断优化资源配置，实现双方的互利共赢和共同发展。

组合投资：平衡不同投资的风险和收益

企业为了实现资产的保值增值和风险的有效管理，往往会采取组合投资策略。组合投资，即将资金分散投资于多个不同的资产类别或项目中，旨在通过多元化的投资组合来平衡整体风险与收益。

因为将资金分配到不同的资产类别或项目中，企业可以降低单一资产或项目失败对整个投资组合的冲击，可以最大程度地保护企业的资产安全，提高投资组合的稳定性。而且，不同的资产类别或项目具有不同的收益特征和波动周期，通过合理配置这些资产，企业可以在不同的市场环境下捕捉不同的投资机会，实现收益的稳步增长。

企业根据自身的发展战略和市场环境，将资金投向具有战略意义的领域和项目，促进资源的优化配置和业务的协同发展。因此，组合投资是企业实现资源配置和战略协同的重要手段。要想将这个手段的价值提升到最高，就必须了解组合投资的相应策略，我们给出如下建议。

（1）资产配置是组合投资的基础。企业应根据自身的投资目标、风险承受能力和市场环境，合理确定各类资产在投资组合中的比例。一般来说，资产配置应考虑资产的流动性、收益性、风险性等因素，以确保投资组合的整体平衡。

（2）多样化投资是组合投资的关键。企业应通过投资于不同的资产类别（如股票、债券、房地产、现金等）、不同的行业、不同的地区甚至不同的国家来实现投资的多样化。这种多样化投资可以显著降低投资组合的整体风险，提高收益的稳定性和可预测性。

（3）定期再平衡是组合投资的隐性核心。市场环境的变化和资产价格的波动会导致投资组合的资产配置比例发生变化。为了保持投资组合的预定目标和风险水平，企业需要定期进行再平衡操作。再平衡涉及调整各类资产的比例，使其恢复到预定的配置范围内。

（4）风险管理是组合投资中不可或缺的一环。企业应建立完善的风险管理机制，对投资组合进行实时监控和风险评估。只要发现潜在风险或市场变化，必须迅速采取措施加以应对，确保投资风险在可控范围内。

伯克希尔·哈撒韦公司（Berkshire Hathaway）是全球知名的投资公司，由沃伦·巴菲特掌舵，以其卓越的投资业绩和独特的投资理念而闻名于世。

伯克希尔·哈撒韦的投资组合极为多样化，涵盖了股票、债券、保险、能源、零售、制造等多个领域。在股票投资方面，伯克希尔·哈撒韦不仅投资于传统的蓝筹股，还积极投资于具有高增长潜力的中小企业。此外，伯克希尔·哈撒韦还通过收购整个企业来扩大其投资组合，如收购可口可乐、美国运通等全球知名企业。

伯克希尔·哈撒韦在资产配置上表现出高度的战略性和协同性。巴菲特会根据市场环境和公司战略调整投资组合的配置比例。例如，在经济衰退期间，伯克希尔·哈撒韦会增加对现金和债券等低风险资产的投资比例，以抵御市场波动带来的风险。同时，伯克希尔·哈撒韦还会利用其在保险领域的优势，通过保险浮存金支持其投资活动，实现资金的低成本运作。

伯克希尔·哈撒韦非常重视投资组合的定期再平衡和风险管理。公司会根据市场变化和投资组合的表现，适时调整各类资产的比例，以保持投资组合的平衡和稳定。此外，伯克希尔·哈撒韦还建立了严格的风险管理机制，对投资组合进行实时监控和风险评估，确保投资风险始终在可控范围内。

伯克希尔·哈撒韦的投资组合管理为企业进行组合投资提供了宝贵的启示。在进行组合投资之前，企业应对各类投资风险进行全面的识别和评估，包括市场风险、信用风险、流动性风险、操作风险等。针对已识别的风险，企业应采取相应的风险控制措施进行规避或减轻（见图6-4）。

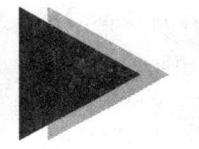

▶ ■ 对于市场风险，企业可以通过分散投资来降低单一资产或市场对整个投资组合的冲击

■ 对于信用风险，企业可以选择信用评级较高的债券或企业进行投资

■ 对于流动性风险，企业应保持一定的现金储备以应对突发事件

■ 对于操作风险，企业应建立完善的内部控制制度和操作流程，降低因人为错误或疏忽导致的损失

图6-4　组合投资的风险控制措施

通过合理配置各类资产、实现多样化投资、定期再平衡以及建立完善的风险管理机制，企业可以在复杂多变的商业环境中保持稳健的发展态势。伯克希尔·哈撒韦的投资组合管理实践为我们提供了宝贵的经验和启示，值得广大企业借鉴和学习。

总之，组合投资不仅是一种投资策略的选择，更是一种企业经营管理智慧的体现。通过科学的组合投资管理，企业可以在复杂多变的市场环境中稳健前行，实现可持续发展的目标。

跨国投资：企业在国际市场上进行的直接投资活动

在全球经济一体化的汹涌浪潮下，跨国投资已成为企业拓展国际市场、实现全球化战略的最快且最重要的途径。通过直接投资，企业能够跨越国界，在海外市场设立分支机构、并购当地企业、建立生产基地或研发中心，以此获取资源、技术、市场以及品牌等优势，推动企业持续成长和竞争力提升。

跨国投资，也称国际直接投资（Foreign Direct Investment, FDI），是指企业为获取长期利益，通过新建或并购方式，在外国（或地区）建立企业，并实际控制其经营活动的行为。跨国投资可分为绿地投资（Greenfield Investment）和跨国并购（Cross-border Mergers and Acquisitions, M&A）两种主要类型。绿地投资指在东道国新建企业，跨国并购则是通过购买外国（或地区）现有企业的股权或资产实现控制权转移。

企业进行跨国投资的动机多样，主要包括：①市场寻求：为进入新市场或扩大现有市场份额；②资源寻求：获取自然资源、技术资源或人力资源等战略资源；③效率寻求：通过全球化生产布局降低成本，提高运营效率；④战略资产获取：获取品牌、专利、销售渠道等无形资产，提升竞争力；⑤风险分散：通过多元化经营降低单一市场或产业的风险。

虽然跨国投资有如上五类动机，且跨国投资可以产生巨大的经济收益，但仍难掩其中潜藏的诸多挑战，若有一类未能控制得当，投资的期望效果都将难以达成，甚至还会拖累投资企业。

挑战一，政治与法律风险。不同国家的政治体制、法律法规、外资政策存在差异，可能给跨国投资带来不确定性。例如，政府更迭、政策变动、贸易壁垒等都可能影响投资项目的顺利实施。

挑战二，经济风险。汇率波动、通货膨胀、经济衰退等宏观经济因素会对跨国企业的财务状况和经营绩效产生影响。此外，国际市场的竞争加剧也增加了企业的运营风险。

挑战三，文化与语言障碍。不同国家和地区的文化差异可能导致管理理念、沟通方式、员工激励等方面的冲突。语言障碍则会增加沟通成本，限制信息传递效率，进一步放大文化差异造成的诸多不利影响。

挑战四，运营管理挑战。跨国投资涉及跨国界、跨文化的运营管理，要求企业具备强大的资源整合能力、跨文化沟通能力和全球供应链管理能力。同时，如何实现本土化经营，融入当地社会也是一大挑战。

任何一种投资方式，对企业而言都具有挑战性。出现挑战不是问题，只要有正确的应对策略，就能将挑战消除，甚至还可能化挑战为潜力，加快企业发展的脚步。

策略一，深入市场研究。在决定跨国投资前，企业应进行充分的市场调研，了解目标市场的政治、经济、文化、法律等环境，评估投资风险和收益，制订科学合理的投资计划。

策略二，选择合适的投资模式。根据企业自身实力、战略目标和市场环境，选择合适的投资模式。对于新兴市场，绿地投资可能更具优势；而对于成熟市场，跨国并购可能更为高效。

策略三，强化本土化战略。实施本土化战略，尊重当地文化，融入当地社会，建立与当地政府和社区的良好关系。通过本地化采购、雇用本地员工、参与社区活动等措施，提升企业在当地的社会形象和市场认可度。

策略四，加强风险管理。建立健全风险管理体系，对政治、经济、文化等风险进行全面识别和评估，制定应对措施。同时，加强内部控制，提高信息透明度，确保投资决策的科学性和合理性。

雀巢（Nestlé）是全球知名的食品和饮料制造商，拥有悠久的历史和庞大的市场份额。自19世纪末成立以来，雀巢便开始了其全球化扩张之路，通过不断的跨国投资，将品牌和产品推向世界各地。

雀巢在跨国投资过程中，始终将市场需求放在首位。通过深入分析目标市场的消费习惯、偏好和竞争格局，雀巢不断调整产品策略，推出符合当地市场需求的产品。同时，雀巢注重本地化经营，积极融入当地文化，提升品牌亲和力。例如，在中国市场，雀巢推出了多款符合中国人口味和饮食习惯的产品，赢得了消费者的广泛认可。

雀巢十分注重战略资源的获取和技术创新。通过并购当地企业或建立研发中心，雀巢能够获取先进的技术、专利和人才资源，推动产品升级和产业升级。例如，雀巢在多个国家设立了研发中心，致力于新产品的研发和技术的创新，不断推出具有竞争力的新产品。

同时，雀巢也面临着各种风险和挑战。为了有效降低风险，雀巢建立了完善的风险管理体系，对不同国家（或地区）的政治、经济、文化等风险进行全面识别和评估。并且，在每个国家（或地区）都高度重视品牌保护，通过加强知识产权保护、打击假冒伪劣产品等措施，维护了品牌的良好形象和声誉。

印度，作为世界上人口第一多（曾经长期第二多）的国家，拥有庞大的消费市场和潜力巨大的中产阶级群体，一直是雀巢跨国投资的重要目标市场之一。雀巢在印度市场的成功，是其跨国投资战略的有效实践。

在进入印度市场之前，雀巢进行了详尽的市场调研，深入了解印度消费者的需求、偏好及购买习惯。基于调研结果，雀巢针对印度市场推出了多款定制化产品，如适合当地口味的奶制品、咖啡和即食食品等。

为了提高在印度市场的竞争力，雀巢采取了本地化生产的策略。通过在印度设立生产基地和采购中心，雀巢实现了原材料和成品的本地化供应，极大降低了生产成本和物流成本。而且，本地化生产还缩短了产品上市时间，提高了市场响应速度。

在印度市场，雀巢通过多种渠道加强品牌宣传，包括电视广告、社交媒体推广、线下活动等。这些宣传活动提升了雀巢品牌在印度市场的知名度和美誉度，增强了消费者对雀巢产品的信任感和忠诚度。

雀巢在印度市场的成功案例，为企业进行跨国投资提供了宝贵的经验和启示。展望未来，随着全球经济的不断发展和全球化的深入推进，跨国投资必将成为越来越多企业实现国际化战略的重要选择。

战略联盟：优势相长、风险共担、多向流动的网络组织

在全球经济日益一体化的今天，企业间的竞争不再局限于单一市场或产品，而是扩展到了全球范围内的产业链整合与战略协同。企业战略联盟作为一种灵活高效的合作模式，正逐渐成为企业实现资源共享、优势互补、风险共担的重要模式。

企业战略联盟是由两个或两个以上具有共同战略利益和对等经营实力的企业，为达到共同拥有市场、共同使用资源等战略目标，通过各种协议、契约而结成的优势互补、风险共担、生产要素双向或多向流动的松散型网络组织。其主要特点包括：

（1）组织的松散性：联盟成员在保持各自独立性的基础上进行合作，不同于兼并或合并形成的单一实体。

（2）合作的平等性：联盟各方在合作中地位平等，共享收益并共同承担责任。

（3）管理的复杂性：由于涉及多个企业间的协调与沟通，战略联盟的管理相对复杂。

（4）伙伴的学习性：联盟为成员提供了相互学习、共享知识和技术的平台，促进了各自能力的提升。

企业选择战略联盟的主要动机包括获取市场进入机会、降低研发成本、分散经营风险、提高技术创新能力等，其优势也主要与这几个方面有

关(见图 6-5)。

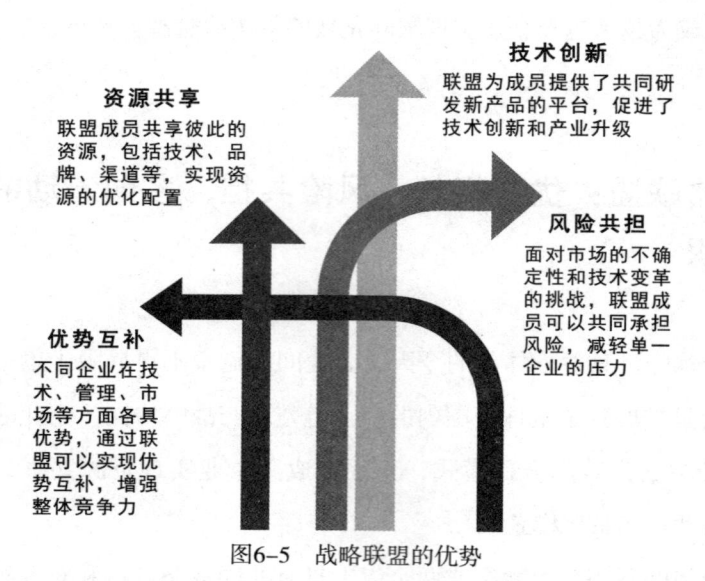

资源共享
联盟成员共享彼此的资源,包括技术、品牌、渠道等,实现资源的优化配置

技术创新
联盟为成员提供了共同研发新产品的平台,促进了技术创新和产业升级

风险共担
面对市场的不确定性和技术变革的挑战,联盟成员可以共同承担风险,减轻单一企业的压力

优势互补
不同企业在技术、管理、市场等方面各具优势,通过联盟可以实现优势互补,增强整体竞争力

图 6-5 战略联盟的优势

尽管企业战略联盟具有诸多优势,但在实际运作中也面临不少挑战,不克服这些挑战,就难以形成真正的联盟。

首先,不同企业间的文化差异可能导致管理理念的冲突和沟通障碍,影响联盟的顺利运行。因此,如何在保持各自文化特色的同时实现文化的有效融合,是联盟成功的关键之一。

其次,联盟成员在合作过程中可能会因利益分配不均而产生矛盾,影响合作的稳定性和持续性。因此,建立合理的利益分配机制和协调机制,是保障联盟成功的重要基础。

再者,联盟成员之间既存在合作关系,也存在竞争关系。因此,如何在合作中保持适度的竞争,促进各自发展,同时又能避免恶性竞争和利益冲突,是联盟管理的重要课题。

最后,市场环境、政策环境等外部因素的变化可能对联盟产生不利影响,如贸易壁垒、汇率波动等。因此,联盟需要具备较强的适应性和灵活性，以应对外部环境的变化。

下面，看看惠普（HP）和微软（Microsoft）两大世界级别企业之间，如何发挥战略联盟的优势，如何通过策略克服战略联盟中的种种挑战。

惠普和微软作为全球知名的科技巨头，在各自的领域内拥有强大的技术实力和市场份额。自20世纪90年代起，惠普与微软便建立了长期而紧密的战略联盟关系。惠普作为全球领先的PC制造商，与微软在操作系统领域的优势相结合，双方共同投入资源进行技术研发和创新，推动PC产品性能的不断提升。面对快速变化的市场环境和技术变革，双方共同承担研发和市场拓展的风险。

惠普与微软在研发、生产、销售等环节实现了资源的共享和优化配置。惠普在硬件制造方面的优势与微软在软件开发方面的优势相结合，又形成了强大的市场竞争力。双方共同优化软硬件产品的兼容性和稳定性，提升了客户的整体使用体验。

惠普与微软的联盟策略有以下七项。

（1）深度合作：双方不仅在产品层面进行合作，还在技术研发、市场推广等方面展开了深度合作。惠普和微软共同投入资源进行PC产品的研发和创新，不断推出符合市场需求的新产品。双方共同开展市场推广活动，利用各自的渠道和品牌影响力扩大市场份额。

（2）利益共享：双方根据合作的具体情况制订公平合理的利益分配方案，确保双方在合作中均能获得合理的收益。

（3）文化融合：双方在合作过程中既保持深度的沟通和合作，也注重文化的交流和融合，形成了良好的合作氛围和团队精神。

（4）客户服务：惠普与微软深知优质的客户服务和售后支持，对于维护品牌忠诚度和客户满意度的重要性，在客户服务方面进行了深入的合作，共同构建了完善的服务体系。

（5）一站解决：客户在购买惠普的 PC 产品时，不仅能享受到惠普提供的硬件支持，还能通过预装的微软操作系统获得软件方面的帮助，极大简化了客户在遇到问题时的求助流程。

（6）联合培训：惠普和微软定期对各自的客户服务团队进行联合培训，培训内容涵盖了最新的产品知识、故障排查技巧以及客户服务理念等，确保客户服务团队能够为客户提供专业、高效的服务。

（7）远程支持：利用现代通信技术，惠普和微软合作推出了远程技术支持服务。客户在遇到问题时，只需通过简单的操作，即可与专业的技术人员建立联系，获得远程的故障排查和解决方案。

综上所述，战略联盟在企业的发展过程中发挥着越来越重要的作用。惠普与微软的战略联盟案例为我们提供了宝贵的经验和启示，对于其他企业建立和实施战略联盟具有重要的参考意义。

第七章　整合与重组中的资本循环

资产剥离：将不适合企业发展的资产出售给第三方

为了保持竞争力，企业需要不断优化自身的资源配置，将有限的资源集中于最具潜力的业务上，资产剥离就是为达成这种目的而诞生的一种战略工具。

资产剥离，是企业将自身所拥有的一部分不适合企业发展战略目标的资产，包括固定资产、流动资产、子公司或分公司等，出售给第三方的行为。这种行为不仅有助于企业优化资产结构，还能提高资产运营效率，增强企业的市场竞争力。

随着市场环境的变化，企业可能需要进行战略调整，剥离部分与新战略不符的资产，剥离不良资产或低效资产，企业可以收缩战线，集中资源于核心优势领域，提高资源利用效率。

通过资产剥离支持新的发展方向，有哪些具体实施方式呢？

（1）直接出售。企业将拟剥离的资产直接转让给第三方，获取现金或股票作为回报。这种方式操作简单，能够快速实现资产的变现。

（2）资产置换。是资产出售的一种变形，即交易双方将各自的部分资产进行等值交换。这种方式可以避免纯现金交易带来的资金压力，同时实现资产结构的优化。

（3）分立与股权剥离。分立是企业将部分业务或资产从原企业中分离出来，成立新的独立法人实体。股权剥离是将部分子公司或分公司的股权出售给第三方，实现资产的间接剥离。这两种方式有助于企业实现业务多元化和风险分散。

（4）战略性资产剥离。企业在评估自身资产质量后，将部分不良资产剥离给母公司或其他关联方，经过整合处理后再由上市企业回购。这种方式有助于上市企业在不影响主业发展的前提下，解决不良资产问题。

剥离不良资产可以减少企业的财务负担，提高盈利能力和偿债能力，有助于企业获得更好的融资条件和市场评价。资产剥离也有助于提升股东价值，通过剥离低效资产，企业可以提高资产质量和盈利能力，为股东创造更多回报。

天晟新材（股票代码：300169）是一家专注于高分子材料研发、生产和销售的高新技术企业。为了优化资产结构，提高盈利能力，公司决定实施资产剥离战略。

经过深入分析和评估，天晟新材决定将其全资子公司——常州天晟复合材料有限公司（以下简称"天晟复合"）作为剥离对象。天晟复合主要从事复合材料的研发、生产和销售，但近年来业绩不佳，成为公司的负担。

为了顺利实施资产剥离，天晟新材制订了详细的剥离方案。包括剥离资产的评估、出售价格的确定、交易对方的筛选以及剥离后的整合计划等。公司聘请了专业的中介机构进行资产评估和交易方案设计，确保剥离过程的公正性和合理性。

在剥离方案获得董事会和股东大会批准后，天晟新材正式启动了剥离程序。公司通过公开挂牌的方式寻找交易方，最终确定了一家具备实力的第三方作为买家。双方签署了资产转让协议，并按照协议约定的条款完成了资产交割和资金支付。

剥离完成后，天晟新材对剩余业务进行了重新整合和优化。公司加强了核心业务的研发投入和市场拓展力度，提高了产品的市场竞争力。同时，公司还加强了内部管理和风险控制能力，为未来的发展奠定了坚实的基础。

通过资产剥离战略的实施，天晟新材成功摆脱了不良资产的束缚，实现了资产结构的优化和财务状况的改善，其财务报表呈现出积极的变化。首先，公司的总资产和负债规模得到了合理缩减，降低了财务杠杆，增强了财务稳健性。其次，剥离不良资产减少了亏损源，提高了整体盈利水平。具体表现为净利润率、ROE（净资产收益率）等关键财务指标的提升，为投资者带来了更为乐观的业绩预期。

市场对于天晟新材的资产剥离行为也给予了积极反馈。投资者普遍认为，公司通过剥离非核心资产，能够更加聚焦于主营业务的发展，从而提升市场竞争力。这种正面预期推动了公司股价的上涨，进一步增强了市场信心，也为公司未来的融资活动创造了有利条件。

通过剥离非核心资产，天晟新材为新业务的发展腾出了宝贵的资源和空间。公司得以将更多精力投入具有增长潜力的领域，如新能源汽车材料、高端装备制造等。通常情况下，资产剥离后的企业都会更加专注于核心业务的发展，提高了资源配置效率和盈利能力，为企业带来了新的发展机遇和市场空间。

总之，通过剥离不适合企业发展的资产，企业可以优化资源配置、改善财务状况、促进战略转型并提升市场竞争力。

股份切割：将现有股份拆分为更小的单位

股份切割，也称股份分割、股份切离或拆股，是企业将现有股份拆分为更小的单位，以便更广泛地吸引投资者。这种资本运作方式主要用于提高股票的流动性和交易活跃度。通过股份切离，可以降低每股的市值，吸引更多的投资者参与，增加公司的融资能力。

在企业管理与资本运作中，股份切割作为一种重要的财务策略，被广泛应用于提升股票流动性、增强市场吸引力及优化股东结构等方面。股份切割的动因有哪些呢？

（1）提升股票流动性。股份切割最直接的效果是降低每股价格，使得更多中小投资者能够负担得起，以此增加股票的交易量，提升市场流动性。流动性增强的股票更容易吸引投资者的关注，有助于形成更活跃的交易市场。

（2）增强市场吸引力。高价股票让资金量有限的中小投资者望而却步，实施股份切割后，企业就会降低每股价格门槛，从而能够吸引更多潜在投资者进入，扩大股东基础，提升市场关注度。

（3）优化股东结构。股份切割使企业的股东分布更加广泛和均衡，增强了企业的稳定性，促进了公司治理结构的完善，提高了决策效率。

（4）提升筹资能力。随着股票流动性的增强和市场吸引力的提升，企业更容易通过发行新股或进行再融资等方式筹集资金，满足业务扩张和发展的需要。

股份切割的实施过程并不复杂，一般分为四个阶段：企业董事会首先就股份切割的必要性和可行性进行充分讨论，并形成决议。在决策过程中，需要综合考虑市场环境、企业财务状况、股东利益等因素。决策通过后，企业按照相关法律法规的要求，向证券交易所提交股份切割的申请，并发布相关公告。公告内容通常包括股份切割的比例、实施时间、对股东权益的影响等。待获得证券交易所批准后，企业即可按照既定方案实施股份切割。实施过程中，需要确保股东权益不受损害，同时做好相关登记和变更工作。股份切割完成后，企业需加强后续管理，包括与投资者的沟通、市场反馈的收集与分析等。还需关注股份切割对企业股价、交易量等市场指标的影响，及时调整策略以应对市场变化。

一家知名的制造业企业（以下简称"该公司"），主营业务涵盖多个领域。后因业务快速发展和市场规模扩大，该公司的股票价格逐渐攀升至较高水平。高昂的股价限制了中小投资者的参与热情，导致股票流动性不足，影响了公司的市场价值和筹资能力。

面对这种现状，该公司管理层决定实施股份切割。通过降低每股价格门槛，吸引更多中小投资者参与；同时优化股东结构，增强公司治理能力；最终提升公司的市场价值和筹资能力。

该公司董事会经过充分讨论后，确定了股份切割方案。将现有每股股份拆分为 10 股新股份，以降低每股价格。随后，公司向证券交易所提交了股份切割申请，并发布了相关公告，确保投资者充分了解相关信息。

经过证券交易所的严格审批后，该公司的股份切割方案获得批准。公司随即按照既定方案实施股份切割，且在实施过程中，保证了股东权益的完整性和连续性。

股份切割完成后，该公司加强了与投资者的沟通工作，及时解答投资者的疑问和关切。并且密切关注市场反馈情况，收集并分析相关数据以评估股份切割的效果。

通过实施股份切割策略，该公司成功降低了每股价格门槛，股票流动性显著提升，市场交易量大幅增加，公司股价在一段时间内保持稳定上涨态势。此外，股份切割还优化了公司的股东结构，增强了公司的治理能力。

这一案例启示我们：在企业管理与资本运作中，股权切割是一种有效的财务策略。通过合理规划和实施股份切割方案，企业可以提升股票流动性、增强市场吸引力、优化股东结构并提升筹资能力。然而，在实施过程中，也需要注意保护股东权益、确保市场稳定以及加强后续管理等工作。只有这样，才能充分发挥股份切割的积极作用，为企业带来更大的发展动力。

公司分立：将子公司从母公司的经营中分离出去

企业为了实现战略调整、优化资源配置、提升市场竞争力或应对特定市场挑战，常常会采取一系列的战略性重组措施。其中，公司分立作为一种重要的资本运作手段，被越来越多的企业采纳。

公司分立，即将子公司从母公司的经营中分离出去，成为独立运营的实体，这一过程不仅涉及资产、业务、人员的重新配置，还关系到法律、财务、税务等多个层面的复杂操作。

随着企业的多元化发展，母公司的业务范围可能逐渐扩大，涵盖了多个不同的行业领域。这种多元化虽然会带来一定的风险分散效应，但也会导致管理层精力分散，无法专注于核心业务的发展。通过公司分立，母公司将非核心业务或发展缓慢的子公司分离出去，集中资源和精力于核心业务。因此，实现战略聚焦和业务清晰化，是公司分立的最主要动因。

在某些情况下，母公司的市场价值可能因其多元化经营而被低估。特别是当子公司与母公司的业务性质、增长潜力或市场认可度存在显著差异时，这种低估现象尤为明显。通过公司分立，子公司成为独立实体后，其市场价值有望得到重新评估，从而提升整体估值。此外，市场往往对公司分立持积极态度，认为这一举措有助于提升企业透明度和运营效率，进而推动股价上涨。因此，估值提升与市场反应是公司分立的另一个主要动因。

在某些国家和地区，公司分立可以带来税务上的优惠。例如，通过合理的税务筹划，可以减少税收负担或实现递延纳税。此外，子公司独立运营后，可以根据自身业务特点和市场环境，制定更为灵活的财务策略，如调整资本结构、优化融资结构等，从而更好地支持业务发展。因此，税务优化与财务灵活性，也是公司分立不可忽视的一个动因。

由此可知，随着市场环境的变化，企业需要调整其业务结构和组织架构以适应新的市场环境。公司分立作为一种灵活的组织调整手段，可以帮助企业快速应对市场变化，降低合规风险，确保企业的持续稳健发展。公司分立的实施步骤如下：

（1）战略规划与可行性分析。企业需要明确公司分立的战略目标和动因，并进行深入的可行性分析。包括评估子公司的独立性、市场竞争力、增长潜力等因素，以及分析分立后的潜在风险和收益。同时，还要考虑法律、财务、税务等方面的限制和条件。

（2）制订分立方案与计划。在可行性分析的基础上，企业需要制订详细的分立方案与计划。包括确定分立的具体形式（如股权分割、资产剥离等）、分立的时间表、分立的资产和负债划分、员工安置方案等。同时，还需要与股东、债权人、监管机构等相关方进行沟通和协商，确保分立方案的顺利推进。

（3）法律与监管审批。企业必须按照相关法律法规的要求，向相关政府部门提交分立申请，并接受严格的审查和审批。包括提交分立报告、财务报表、法律意见书等文件，以及回答监管机构的问询和质询。

（4）财务与税务筹划。企业需要制订详细的财务计划，包括分离后的资本结构、融资安排、资金流管理等。还需要进行税务筹划，以最大限度地减少税收负担或实现递延纳税，包括分析不同分立形式下的税务影响、制定合理的税务结构等。

（5）实施分立与后续整合。在获得法律与监管审批后，企业即可按照既定方案实施分立，包括完成资产和负债的划分、股权的转移、员工的安置等工作。分立完成后，企业还需要进行后续整合工作，包括优化组织结构、提升运营效率、加强市场推广等，以确保子公司能够独立运营并取得良好的业绩。

A集团以多元化经营著称，业务范围涵盖制造业、金融业、服务业等多个领域。然而，随着市场环境的变化，A集团发现其业务结构过于复杂，难以有效集中资源于核心业务的发展。为了彻底解决问题，A集团决定实施公司分立战略（见图7-1）。

图7-1 A集团实施公司分立的动因

A集团首先成立了专项工作组，负责研究并制订分立方案。工作组对拟分立的子公司进行了全面的尽职调查，包括财务状况、业务前景、市场地位、员工结构等多个方面。同时，工作组还进行了市场调研，了解投资者对分立的看法和预期。

　　基于尽职调查的结果和市场调研的反馈，A集团制订了详细的分立计划。计划中明确了分立的具体形式为股权分割，确定了分立的时间表，规定了资产和负债的划分原则，制订了员工安置方案，并考虑了分立后的运营模式和治理结构。

　　A集团向相关政府部门和监管机构提交了分立申请，并附上了详尽的分立报告、财务报表、法律意见书等文件。在审批过程中，A集团与监管机构保持了密切的沟通和协作，积极回答问询和质询，确保分立方案符合法律法规的要求。

　　A集团与专业的财务顾问和水务专家合作，制订了财务和水务筹划方案。方案中考虑了分立过程中可能产生的税收影响，通过合理的税务结构设计和税务筹划措施，最大限度地减少了税收负担。同时，A集团还制订了分立后的融资计划和资本结构优化方案，以保证子公司拥有充足的资金支持和良好的资本结构。

　　在获得法律与监管审批后，A集团按照既定方案实施了分立。分立过程中，A集团与子公司密切合作，保障资产和负债的顺利划分、股权的平稳转移以及员工的妥善安置。分立完成后，A集团对子公司进行了后续整合工作，包括优化组织结构、提升运营效率、加强市场推广等，并始终保持了与子公司的紧密合作关系，共同应对市场挑战和机遇。

　　通过公司分立战略的实施，A集团成功地将非核心业务子公司从母公司的经营中分离出去，实现了战略聚焦和业务清晰化。分立后的子公司凭借独立运营的灵活性和市场认可度的提升，实现了业绩的快速增长和市值的显著提升。A集团也通过分立优化了资源配置和资本结构，提升了整体竞争力和市场价值。

通过对案例的详细阐述可以看出，公司分立作为一种重要的资本运作手段，对于企业发展所具有的重要意义。因为分立过程复杂且涉及多个方面的考虑和协调，需要企业在实施分立战略时能够充分准备、周密规划，并与相关方保持密切的沟通和协作，以保障分立工作的顺利进行和预期目标的实现。

分拆上市：将部分业务从母公司独立出来单独上市

企业通过分拆上市，不仅能够有效激活内部潜力，还能够实现资源优化配置，增强市场竞争力。分拆上市，即将母公司中具有独立盈利能力或高增长潜力的业务单元独立出来，并推动其单独上市，成为资本市场的独立实体。一般情况下，分拆上市的动因如下。

（1）提升子公司市场价值。母公司旗下的部分业务，由于其独特的业务模式、市场前景或技术优势，未能在母公司整体估值中得到充分体现。通过分拆上市，这些业务单元能够独立面向市场，获得投资者更直接的关注与认可，从而提升其市场价值。

（2）拓宽融资渠道。分拆上市为子公司提供了独立的融资渠道，使其能够直接从资本市场筹集资金，支持业务扩展和技术创新。相比母公司内部的资金调配，分拆上市能够吸引更多元化的投资者。

（3）激励管理层与员工。分拆上市后，子公司的管理层和员工将持有更多的公司股份，能够激发管理层和员工的积极性和创造力，实现员工与企业利益的深度绑定，推动业务持续增长。

分拆上市后，母公司与子公司都能优化资源配置，提高整体运营效率。尤其是对高增长潜力的子公司而言，可以根据自身的业务特点和市场需求，制定更为灵活的经营策略。分拆上市的具体流程有哪些呢？

首先是战略规划与评估。母公司需要首先明确分拆上市的动因和目标，对拟分拆的业务单元（或子公司）进行全面的评估。评估内容包括业务单元的盈利能力、市场前景、技术优势、管理团队等方面，以确定其是否具备独立上市的条件。

其次是制订分拆方案。在评估的基础上，母公司需要制订详细的分拆方案。方案内容包括分拆的具体形式（如IPO、SPAC等）、分拆的时间表、资产和负债的划分原则、员工安置方案、治理结构安排等，也包括分拆后的资本运作和战略规划。

再次是法律与监管审批。母公司需要向相关政府部门和监管机构提交分拆申请，并附上详尽的分拆报告、财务报表、法律意见书等文件。在审批过程中，母公司需要与监管机构保持密切的沟通和协作，积极回答问询和质询。

最后是资本市场运作。分拆方案获得批准后，母公司需要协助子公司进行资本市场运作。包括选择合适的上市地点（如国内A股市场、港交所、纳斯达克、纽约证券交易所等）、聘请保荐人和承销商、制订发行计划、进行市场推广等，直至最终完成上市融资。

L Brands 是一家总部位于美国的时装和美容产品零售商，旗下拥有多个知名品牌，包括维多利亚的秘密（Victoria's Secret）和 Bath & Body Works 等。近年来，L Brands 的业绩逐渐下滑，特别是维多利亚的秘密面临巨大的挑战。为了尽快走出困境，L Brands 决定实施分拆上市战略，将维多利亚的秘密和 Bath & Body Works 两个品牌独立出来单独上市（见图 7-2）。

L Brands 在决定分拆上市前进行了充分的战略规划与评估工作。公司管理层对维多利亚的秘密和 Bath & Body Works 两个品牌进行了全面的评估，确定了其具备独立上市的条件和潜力。

L Brands 在确定了分拆上市的战略后，便着手制订了详细的分拆方案。方案的核心是将维多利亚的秘密与 Bath & Body Works 从 L Brands 中完全剥离出来，作为两个独立的公司上市。在这一过程中，涉及资产、负债、员工以及知识产权的清晰划分，确保两个新公司在法律和经济上都是独立的实体。新成立的两个公司需要建立独立的治理结构，包括董事会、高级管理团队和内部监督机制等。

在 L Brands 整体估值中，有独立的盈利能力和市场影响力的维多利亚的秘密和 Bath & Body Works 的价值未得到充分体现。分拆上市让这两个品牌独立面向市场，可以获得投资者更直接的关注

分拆上市后，维多利亚的秘密和 Bath & Body Works 将拥有独立的融资渠道，能够直接从资本市场筹集资金以支持业务扩展和技术创新

分拆上市有助于 L Brands 更加专注于核心业务的发展，且分拆后的子公司也能根据自身需求制定符合自身发展的经营策略

图7-2　L Brands 的分拆动因

L Brands 仔细评估了与两个品牌相关的所有资产和负债，包括品牌价值、库存、门店网络、租赁合同、供应商关系以及未来的资本支出需求等。这是一个需要精心策划的流程，以保证两个新公司都能获得与其业务运营相匹配的资源和责任。L Brands 还制订了员工安置计划，包括明确新公司的员工归属、薪酬福利体系以及职业发展路径等，以保证分拆过程对现有员工的影响最小化。

在分拆方案获得监管部门批准后，维多利亚的秘密和 Bath & Body

Works相继在资本市场上进行了首次公开募股（IPO）。

维多利亚的秘密尽管面临着市场份额下滑和品牌形象重塑的挑战，但凭借其在女性内衣和美妆领域的深厚底蕴，仍然成功吸引了大量投资者的关注。在IPO过程中，公司不仅筹集到了充裕的资金，还进一步提升了其市场知名度和品牌价值。

相比之下，Bath & Body Works在IPO过程中表现得更为抢眼。作为L Brands中增长最为迅速的品牌之一，其独特的香氛和家居产品系列受到了市场的广泛好评。IPO后，Bath & Body Works迅速扩大了其市场份额，并加大了在新产品开发和市场拓展方面的投入。

综上所述，通过分拆上市，企业能够优化资源配置、提升市场价值、拓宽融资渠道，并激励管理层与员工。但是需要注意，分拆上市并非适用于所有企业，企业在决策前需要充分考虑自身的实际情况和市场环境，制订科学合理的分拆方案，并在后续整合与发展过程中保持高度的警惕和灵活性。

股份回购：合理进行股本收缩的内部资产重组行为

股份回购（Share Repurchase）是上市公司通过一定途径回购发行在外的股份，以实现股本收缩和内部资产重组的行为。这种行为通常涉及企业利用自有资金或债务融资方式，在证券市场上购买已发行的股票，或者从股东手中直接赎回已发行的股票。

股份回购可以减少企业注册资本，降低股本规模，优化资本结构，提高每股收益，从而提升企业价值。尤其是在股价低迷时，股份回购可以向市场传递积极信号，增强投资者信心，推动股价上涨。回购的股份还可以作为库存度，用于员工股权激励计划，提升员工的归属感和积极性。股份回购还有一项重要作用，企业可以以此增强对外部敌意收购的防御能力，维护企业控制权的稳定。

上市企业在决定实施股份回购前，需要制订详细的回购计划，包括回购的目的、回购规模、回购价格区间、回购资金来源、回购时间等。且回购计划需要经过企业董事会和股东大会的审议批准。

上市企业在实施股份回购前，需要按照相关法律法规的要求，及时披露回购信息，包括回购计划、回购进展情况、回购结果等，以保障投资者的知情权。

在回购计划获得批准并披露相关信息后，上市企业可以通过证券交易所集中竞价交易系统或大宗交易方式等途径实施回购操作。回购过程中，企业需要严格遵守相关法律法规和交易所的规定，确保回购的公平、公正和透明。

回购完成后，上市企业可以根据回购计划中的约定，对回购的股份进行注销或作为库存股留存。注销股份将减少企业注册资本和股本规模，留存股份则可用于未来股权激励计划或其他用途。

长安汽车作为中国汽车行业的重要企业之一，面临着国内外市场的激烈竞争和股价波动的压力。为了优化资本结构、提升股价、保护股东利益，长安汽车在 2009 年和 2012 年分别实施了 B 股回购计划。

长安汽车在制订回购计划时充分考虑了市场环境、公司财务状况和股东利益等因素，并经过公司董事会和股东大会的审议批准后正式实施。在回购过程中，长安汽车严格遵守相关法律法规和交易所的规定，保证回购的公平、公正和透明。

回购完成后，长安汽车成功减少了 B 股股本规模并注销了部分回购股份，优化了公司的资本结构，提升了股价和投资者的信心。同时，长安汽车还利用回购的 B 股股份实施了员工股权激励计划，极大提升了员工对公司的归属感。

长安汽车 B 股回购计划实施后得到了市场的积极反应。公司股价在回购期间和回购后均呈现出上涨趋势，投资者信心明显增强。这一案例为其他上市公司提供了有益的借鉴和启示：

（1）合理选择回购时机：企业应根据市场环境、股价走势和公司财务状况等因素，合理选择回购时机，确保回购效果的最大化。

（2）制订科学的回购计划：回购计划应充分考虑市场环境、企业财务状况和股东利益等多方面因素，明确回购目的、规模、价格区间及资金来源等关键要素，并经过严格的审批流程。

（3）确保信息披露的透明性：在回购过程中，企业必须按照相关法律法规的要求，及时、准确、全面地披露回购信息，包括回购计划、进展情况及结果等，保障投资者的知情权，维护市场的公正和透明。

（4）合理利用回购股份：回购的股份除了可以注销以减少股本规模外，还可以作为库存股用于未来的股权激励计划、员工持股计划等。这样既能激发员工的积极性和创造力，又能巩固和增强企业的核心竞争力。

长安汽车的 B 股回购案例展示了股份回购作为上市企业内部资产重组和股本收缩的有效手段，在优化资本结构、提升股价、保护股东利益等方面的重要作用。通过科学合理的回购计划、严格的信息披露制度以及灵活的股份利用方式，企业便可以实现回购的初衷和目标，并能获得市场的积极反应。

总之，股份回购作为资本市场中的一种重要工具，其合理应用可以为企业带来诸多益处。企业在实施回购计划时也应充分考虑到市场环境、自身财务状况及投资者利益等多方面因素，确保回购行为的合规性、有效性和可持续性。只有这样，才能真正实现回购的初衷和目标，为企业和股东创造更大的价值。

第八章　内变与优化中的资本流动

管理层收购：管理层通过自筹资金或外部融资购买企业股权

管理层收购（Management Buy-Outs，MBO）作为一种特殊的企业并购方式，自20世纪七八十年代在欧美国家兴起以来，逐渐成为企业治理结构优化、激励机制创新的重要手段。MBO 的核心在于企业管理层通过自筹资金或外部融资购买企业股权，从而改变企业的所有权结构，使管理层从单纯的经营者转变为企业的所有者。这一转变不仅有助于降低企业内部的委托代理成本，还能激发管理层的积极性和创造力，推动企业价值的最大化。

具体而言，管理层收购是指企业管理层利用借贷所融资本或股权交易收购本企业的一种行为，从而引起企业所有权、控制权、剩余索取权等的变化，以改变企业所有制结构。因此，MBO 是杠杆收购的一种特殊形式，其收购主体为企业管理层，但因为 MBO 通常涉及高负债融资，管理层需要借助银行、保险公司、风险资本等金融机构的资金支持。MBO 完成后，管理层获得企业的控制权，即从企业的经营者变成企业的所有者。MBO 通过赋予管理层所有权，激发其积极性和创造力，降低委托代理成本，提升企业价值。

管理层收购的实施过程分为三大阶段,分别是策划阶段、执行阶段和整合阶段,下面就详细介绍每个阶段。

首先是策划阶段。管理层需要明确收购目标,包括收购对象(企业整体、子公司、分公司或部门)、收购规模、收购价格等。并对所要收购的目标进行全面的尽职调查,包括财务状况、经营状况、市场前景、法律风险等。再根据收购需求和自身财务状况,设计合理的融资方案,包括自筹资金比例、外部融资渠道、融资成本等。

其次是执行阶段。以准备参与收购的现有管理人员为基础,组建收购管理团队,并引入必要的外部专家和经营管理人员。然后,管理层需设立新的公司作为收购主体,通常为有限责任公司,以便进行股权交易和融资操作。再通过银行、保险公司、风险资本等金融机构筹集收购所需资金,包括抵押贷款、债券发行、私募股权等。接下来与收购目标的股东进行谈判,确定收购价格和收购条款,签订收购协议。

最后是整合阶段。收购完成后,管理层需对收购主体的公司治理结构进行优化,确保决策效率和执行力。然后根据企业发展战略,对收购后的业务进行整合,实现协同效应。管理层还需制订合理的债务偿还计划,确保按时偿还融资债务,降低财务风险。

2000年,广东美的集团实施了管理层收购,成为当时中国资本市场上的标志性事件。下面,我们就对这一事件进行详细解读,以深度理解MBO对企业发展的重要作用。

2000年年初,美的集团管理层开始策划MBO,目标是通过收购控股股东顺德市美的控股有限公司(以下简称"美的控股")持有的股份,实现对企业控制权的掌握。管理层进行了详尽的尽职调查,评估了美的的财务状况、经营状况和市场前景,并制订了详细的融资方案。

具体执行阶段分为以下几步。

（1）组建收购团队：美的集团管理层成立了以何享健为首的收购团队，并引入了外部财务顾问和法律顾问。

（2）设立收购主体：2000年4月7日，美的集团工会委员会和何享健等21名自然股东成立了顺德市美托投资有限公司（以下简称"美托投资"），作为收购主体。

（3）融资实施：美托投资通过股权抵押贷款、私募股权等方式筹集了收购所需资金。在首次收购美的控股持有的7.25%股份时，美托投资先支付了10%的现金，剩余90%通过股权担保获得的融资支付。

（4）股权交易：美托投资分别于2000年4月和12月，以每股2.95元和3元的价格协议转让了美的控股持有的3518万股和7243.0331万股法人股，合计占总股本的22.19%。至此，美托投资正式成为美的集团第一大股东。

在完成MBO后，美的集团管理层不仅获得了公司的控制权，还进一步推动了公司治理结构的优化。美托投资作为控股股东，通过加强董事会建设、引入独立董事、完善内部控制体系等措施，提升了公司治理的透明度和决策效率。同时，管理层更加注重长期战略规划和可持续发展，确保企业在市场竞争中保持领先地位。

MBO的实施对美的集团的财务绩效产生了积极而深远的影响。首先，管理层持股使得他们的利益与公司的长远发展紧密相连，从而激发了他们的积极性和创造力。这种激励机制的改变使得管理层更加注重成本控制、效率提高和利润增长。其次，MBO完成后，公司的债务结构得到了优化，经营成本降低，资金利用效率提高。这些因素共同促进了美的财务绩效的显著提升，表现在营业收入、净利润、净资产收益率等关键财务指标上的稳步增长。

由此可见，一家企业的 MBO 成功，需要管理层充分了解企业的实际情况和市场环境，制定出科学合理的收购计划和融资方案。通过科学合理的策划和实施，MBO 可以推动企业治理结构优化、激励机制创新和企业价值提升。

员工持股计划：增加企业内部融资，减少对外融资的依赖

传统的依赖银行贷款、发行债券或吸引风险投资等外部融资方式，虽能为企业提供必要的资金支持，但也伴随着较高的融资成本、严格的监管要求以及可能的稀释股权风险。为了探索更为灵活、低成本的融资途径，员工持股计划（Employee Stock Ownership Plan, ESOP）作为一种内部融资机制，逐渐受到企业的青睐。

员工持股计划是一种通过让员工持有企业股份，从而将其利益与企业长期发展紧密相连的激励机制。该计划通常涉及企业向员工提供股票购买权、直接赠送股票或以较低价格出售股票给员工。员工因此成为企业股东，分享企业成长带来的收益，同时也增强其归属感和责任感。因此，员工持股计划能够起到降低人才流失率、优化资本结构和提高治理效率的多重作用。

华为自 1990 年开始实施员工持股计划，经过多年发展，已成为全球最大的员工持股企业之一。华为的员工持股计划采用"虚拟受限股"的方式，即员工不直接持有公司股份，而是通过工会持股平台间接持有。员工通过购买虚拟受限股，参与公司利润分配，但不享有表决权。随着公司业绩的增长，员工的持股价值也不断提升，形成了强大的激励机制。具体的

成效与影响如下：

（1）激发员工创造力：华为的员工持股计划使得员工利益与公司发展紧密相连，激发了员工的创新精神和工作热情，推动了华为的技术创新和业务拓展。

（2）优化资本结构：华为通过内部融资方式筹集了大量资金，有效降低了对外部资本市场的依赖，提高了财务自主性。

（3）增强企业凝聚力：员工持股计划增强了员工的归属感和责任感，形成了强大的团队凝聚力，为华为的持续发展奠定了坚实的基础。

通过对华为案例的解析，可以看到员工持股计划可以从成本、灵活性、竞争力三个方面，体现出该资本运作模式对企业发展的优势（见图8-1）。

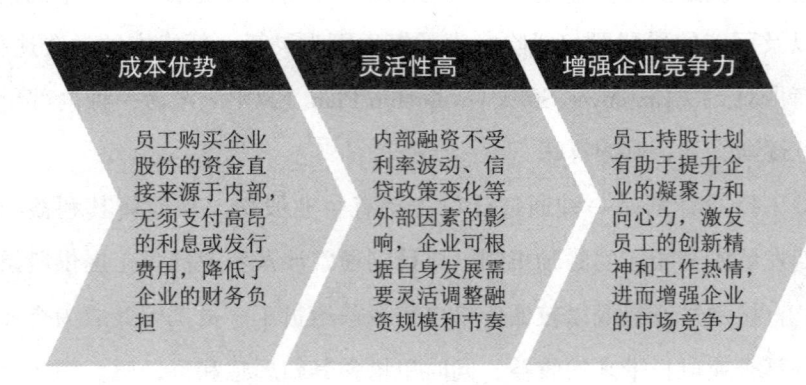

成本优势	灵活性高	增强企业竞争力
员工购买企业股份的资金直接来源于内部，无须支付高昂的利息或发行费用，降低了企业的财务负担	内部融资不受利率波动、信贷政策变化等外部因素的影响，企业可根据自身发展需要灵活调整融资规模和节奏	员工持股计划有助于提升企业的凝聚力和向心力，激发员工的创新精神和工作热情，进而增强企业的市场竞争力

图8-1 员工持股计划的优势

为了给员工持股计划的顺利实施提供坚实的经济基础，并且创造良好条件，企业必须优化财务结构与强化内部管理。前者要求企业通过提高经营效率、降低成本、增加利润等方式，改善企业的财务状况；后者要求企业完善公司治理结构，提高管理效率，确保企业内部资源的有效配置。

在员工持股计划的实施过程中，如何确保员工持股计划的公平性，避免内部利益分配不均，是企业需要关注的重要问题。企业必须制定明确的员工持股标准和分配机制，确保计划的公平性和透明度。

随着员工持股比例的增加，企业管理层需要面对更加复杂的股权结构和治理结构，增加了管理难度。要求企业不断优化公司治理结构，提高管理效率，确保企业内部资源的有效配置和协调发展。

此外，不同国家和地区对职工持股计划的法律法规存在差异，企业在实施过程中需严格遵守相关规定，避免法律风险；最好的应对策略是在实施前，充分研究相关法律法规，确保计划的合法性和合规性。

为了更好地保障员工利益，员工持股计划都设计有灵活的退出机制。员工在特定条件下可以选择部分或全部卖出其持有的股份，从而实现资金回笼或风险规避，有助于提高员工持股计划的吸引力和参与度。

由以上阐述可知，员工持股计划必将对企业产生深远的影响。一方面，它将持续激发员工的积极性和创造力，推动企业技术创新和业务拓展；另一方面，它将进一步优化企业的资本结构，提高企业的财务自主性和抗风险能力。

随着全球经济的不断发展和企业治理理念的持续创新，员工持股计划将在制度设计上更加灵活多样，以适应不同企业、不同行业的需求。再结合数字技术和人工智能的快速发展，员工持股计划的管理和实施也将更加数字化、智能化。

员工持股计划作为一种创新的内部融资方式，不仅能够有效降低企业对外部融资的依赖，提高财务自主性和抗风险能力，还能够激发员工的积极性和创造力，促进企业的持续稳定发展。通过具体企业案例的分析，我们看到员工持股计划在实践中取得了显著成效。因此，企业应积极探索和实践员工持股计划，将其纳入企业长期发展战略的重要组成部分。

股权置换：实现股权结构的调整和优化

在企业生命周期的不同阶段，股权结构的合理性直接关系到企业的治理效率、战略实施能力及市场竞争力。随着市场环境的变化、企业战略目标的调整以及股东利益诉求的多样化，股权结构的调整和优化成为企业管理的重要议题。股权置换作为一种灵活的资本运作手段，通过不同股东之间股权的交换与重组，实现资源的优化配置和利益格局的重塑。

从定义上看，股权置换是两个或多个企业之间，通过相互交换持有对方企业的部分或全部股权，以达到调整股权结构、整合资源、实现战略协同等目的的一种资本运作方式。通过股权置换，企业可以引入新的战略投资者，调整原有股东的持股比例，形成更加合理的股权结构，提升治理效率。企业也可以加强产业上下游合作，实现业务协同，提升市场竞争力。相比外部融资，股权置换可以减少企业的财务负担，降低融资成本。

根据置换对象的不同，股权置换可分为股权与股权的置换、股权与资产的置换以及股权与其他权益的置换等多种类型。无论哪一种股权置换，其实施策略都必须满足以下四个环节。

（1）明确置换目标。在实施股权置换前，企业须明确置换的目标，以确保置换效果符合预期，主要包括优化股权结构的具体目标、资源整合的方向、战略协同的领域等。

（2）选择合适的置换对象。企业应基于自身的发展战略和市场定位，选择具有互补优势、能够带来协同效应的置换对象。为确保置换的可行性和风险可控，需对置换对象的经营状况、财务状况、企业文化等进行全面评估。

（3）设计合理的置换方案。企业应充分考虑市场条件、股东利益及监管要求等因素，设计公平合理、双方均可接受的置换方案。置换方案应包括置换比例、置换价格、置换条件、时间安排等具体内容。

（4）置换过程中加强沟通与协调。股权置换涉及多方利益，企业在实施过程中需加强与置换对象的沟通与协调，确保信息透明、沟通顺畅。同时，需与监管机构保持密切联系，确保置换过程合法合规。

阿里巴巴是电子商务平台，拥有庞大的用户基础和数据资源；苏宁云商是家电零售商，在物流、供应链及线下门店方面具有显著优势。随着电商行业的竞争加剧和消费者需求的多元化，双方决定通过股权置换的方式实现战略合作，共同应对市场挑战。

2015年，阿里巴巴集团与苏宁云商宣布进行股权置换，阿里巴巴以约283亿元战略投资苏宁云商，成为苏宁云商的第二大股东；同时，苏宁云商以140亿元认购阿里巴巴新发行股份。此次股权置换不仅涉及双方公司的股权交易，还包括在物流、供应链管理、电商平台建设等领域的深度合作。

通过股权置换，阿里巴巴与苏宁云商不仅股权结构得到优化，资源也得到了整合，实现了战略协同。阿里巴巴借助苏宁云商的物流网络和线下门店资源，强化了其在物流配送和O2O领域的布局；苏宁云商通过阿里巴巴的电商平台和技术支持，实现了线上线下融合发展，提升了市场竞争力。

股权置换实施后，双方在电商、物流、金融等多个领域展开深度合作，共同探索新零售模式，为消费者提供更加便捷、高效的购物体验。双方公司的市值均有所提升，市场投资者对双方的战略合作给予高度认可。

以阿里巴巴与苏宁云商的股权置换为例，可以看到，通过股权置换，两家企业不仅优化了股权结构，还实现了资源的有效整合和战略的深度协同，共同探索出了一条适应市场变化、满足消费者需求的新零售之路。这一案例为其他企业在实施股权置换时提供了宝贵的借鉴和启示。

总之，股权置换是企业管理中的重要工具，企业领导者必须具备高度的战略眼光、敏锐的市场洞察力和卓越的管理能力。只有在充分准备、周密策划和精心实施的基础上，企业才能通过股权置换实现股权结构的优化和企业的长远发展。

股票期权：调整其股权结构，降低财务成本

股权结构和财务成本是影响企业长期竞争力的关键因素。随着资本市场的不断成熟和公司治理理念的进步，股票期权作为一种灵活而有效的激励机制，逐渐成为企业调整股权结构、降低财务成本的重要工具。本节旨在深入探讨股票期权的概念、作用机制，以及如何通过股票期权实现股权结构的优化和财务成本的降低。

股票期权是企业授予其员工（主要是高级管理人员和核心技术人员）在未来某一特定时间内，以约定的价格购买企业股票的权利。这种权利赋予了员工在未来企业股价上涨时获得收益的可能性，从而激励员工更加积极地投入工作，促进企业业绩的增长。股票期权具有长期性、灵活性、风险共担等特点，能够有效地将员工利益与企业发展紧密绑定（见图8-2）。

通过对以上作用机制的解读可以看到，股票期权在调整股权结构中的具体应用范围，基本为以下三个方向：

（1）引入战略投资者。企业通过向战略投资者发行股票期权，可以吸引具有行业资源、技术优势或市场渠道的投资者加入，从而优化股权结

构，增强企业的综合竞争力。战略投资者的引入不仅能带来资金支持，还能在业务合作、市场拓展等方面为企业提供有力支持。

- 股票期权通过给予员工潜在的股权收益，激发其工作积极性和创造力，促进企业业绩的提升

- 通过股票期权的行使，企业可以引入新的股东或调整原有股东的持股比例，从而实现股权结构的优化

- 股票期权为企业提供了一种低成本、高效益的人才激励方式，有助于吸引和留住高素质人才

- 股票期权无须企业立即支付现金，有助于缓解企业的财务压力，降低融资成本

图8-2 股票期权的作用机制

（2）股权激励计划。企业可以设计股权激励计划，将股票期权作为员工薪酬的重要组成部分，以激发员工的工作热情和创新精神，使员工成为企业的"利益共同体"。这种股权结构的变化有助于增强企业的凝聚力和向心力，促进企业文化的形成和传承。

（3）并购与重组。在并购与重组过程中，企业可以利用股票期权作为支付手段或交易条件之一。通过向被并购企业的股东或管理层发行股票期权，企业可以降低现金支付压力，同时实现对被并购企业的有效整合和控制。此外，股票期权还能在一定程度上缓解并购双方之间的利益冲突和文化差异问题，促进并购后的顺利融合。

在本章的"员工持股计划"一节中，介绍了华为的员工持股计划。其实，华为发展成为全球领先的 ICT（信息与通信技术）解决方案提供商，这个过程中，其资本运作为企业发展带来的助力，绝非单一的员工持股计划，而是一系列以注重人才引进和培养为核心的股票期权激励计划。多措

并举，华为得以成功保持了企业的竞争力和创新能力，吸引并留住了大量高素质人才，同时优化了企业的股权结构。

华为的股票期权激励计划始于20世纪90年代末，并随着公司的发展不断完善和优化。该计划主要针对公司的高级管理人员和核心技术人员进行激励，通过授予他们股票期权，将他们的个人利益与公司的长期发展紧密绑定。

在具体实施过程中，华为公司采取了"虚拟受限股"的形式进行股票期权的授予。这种"虚拟受限股"并非真正的股票，而是一种基于公司净资产增值的分红权。员工在获得"虚拟受限股"后，须按照约定的条件和时间进行解锁和转让。在解锁和转让过程中，员工可以获得相应的分红收益或股权转让收益。

通过股票期权激励计划，大量人才拥入华为，这些人才为公司的发展提供了强大的智力支持和人才保障。在股票期权激励计划的推动下，华为员工的积极性和创造力得到了显著提升。他们更加关注公司的长期发展目标和战略规划，积极投入工作并推动业绩的持续增长。随着股票期权的行使和解锁，员工的持股比例逐渐增加，使得公司的利益更加多元化和分散化，提升了公司的治理效率和决策水平。更为重要的是，华为通过股票期权激励计划降低了财务成本，使得公司能够将更多的资金投入技术研发、市场拓展等核心业务领域，从而推动公司的持续发展。

虽然股票期权的有效性和可行性得到了验证，但股票期权在实施中其价值受到市场波动的影响较大，可能导致员工收益的不确定性增加。为了减轻市场波动性对员工收益的影响，企业可以合理设定股票期权的行权条件，如设置较长的锁定期、分阶段行权以及与市场表现挂钩的业绩指标等。

股票期权作为一种复杂的金融工具，许多员工可能并不熟悉。因此，企业在实施激励计划时，应加强对员工的沟通和培训。通过举办专题讲座、发放宣传资料、提供在线咨询等方式，帮助员工了解股票期权的基本概念、作用机制以及行权条件等，增强员工的参与感和认同感，将股票期权的激励效果最大化。

为了更加准确地评估股票期权的激励效果，企业还应建立科学的评估体系和指标，包括对员工绩效的定期评估、对股票期权激励计划实施前后的业绩对比，以及员工满意度和留存率等指标的监测。通过这些评估手段，企业可以及时了解激励计划的效果，并根据实际情况进行调整和优化。

综上所述，市场环境和企业经营状况是不断变化的，企业在实施股票期权激励计划时应保持灵活性。根据市场变化和企业实际情况，适时调整激励计划的条款和条件，如调整行权价格、延长锁定期、增加业绩考核指标等，以确保激励计划始终符合企业的战略目标和维护员工利益。

溢价回购：增加每股收益，提高企业财务表现

溢价回购作为一种主动性的财务管理工具，被越来越多的企业采用，以实现每股收益的增加和财务表现的全面提升。所谓溢价回购，是企业以高于市场的价格回购自身发行在外的股份。这种行为通常发生在企业认为其股价被低估，或出于优化资本结构、提升每股收益等目的时。

溢价回购不仅涉及资金的流出，更是对企业未来信心和市场价值的一种积极表达。因此，溢价回购的作用机制可以概括为两个方面：一方面是提升每股收益，防止恶意收购。通过减少流通在外的股份数量，溢价回购能够直接提升每股收益（EPS），因为总利润在更少的股份中分配。又因为

减少了市场上的流通股数量，进而增加了潜在收购者的收购难度和成本，从而有效抵御恶意收购。另一方面是优化资本结构，传递市场信心。通过降低企业的权益资本比例，进而优化资本结构，提高财务杠杆效应。在债务融资成本相对较低的情况下，此举可能提升企业整体价值；而且溢价回购通常被视为管理层对企业未来发展充满信心的表现，有助于提振市场情绪，稳定或提升股价。

尽管溢价回购对于企业的稳定经营与发展有着诸多优势，但其成功实施仍需要满足一定条件：

（1）充足的现金流：溢价回购需要大量现金支持，因此企业必须具备稳定的现金流来源，确保回购计划不会对企业正常运营造成负面影响。

（2）股价低估：企业只有在认为自身股价被市场低估时，才会选择溢价回购，因此企业管理层必须对市场有准确的判断力和分析能力。

（3）良好的公司治理结构：良好的公司治理结构能够确保回购决策的科学性和合理性，避免管理层出于个人利益而盲目回购。

（4）合理的回购价格与数量：回购价格与数量的确定需综合考虑市场环境、企业财务状况及未来发展需求等多方面因素，确保回购计划的可行性和有效性。

近年来，苹果公司（Apple Inc.）频繁利用溢价回购，以提升每股收益、优化资本结构，向市场传递信心。2012年，苹果实施大规模的股票回购计划。该计划不仅规模庞大，且持续时间长，涉及资金量巨大。苹果通过定期发布回购公告，明确回购的价格区间、数量及资金来源等关键信息，确保市场对其回购计划的透明度和可预期性。

在回购价格上，苹果采取了溢价策略，即回购价格高于当时的市场价格。这种策略不仅彰显了公司对自身价值的信心，也向市场传递了积极的信号。通过持续的溢价回购，苹果成功减少了市场上的流通股数量，进而提升了每股收益。

在债务融资成本相对较低的情况下,苹果通过溢价回购减少权益资本比例,优化了其资本结构,提升了企业整体价值,并降低了财务风险。随着回购计划的不断推进,苹果的每股收益持续增长,提升了公司的盈利能力,增强了市场对公司的投资信心,公司股价呈现出稳步上涨的趋势,为股东创造了更多的财富。

作为科技行业的领军企业,苹果通过溢价回购展示了其强大的财务实力和市场竞争力,既巩固了其在行业内的领先地位,也为未来的发展奠定了坚实的基础。那么,苹果的溢价回购案例,能够为其他企业进行溢价回购时提供哪些有益的启示呢?

首先,企业在实施溢价回购时,应准确把握市场时机和自身股价状况,确保回购计划的合理性和有效性。

其次,溢价回购需要大量现金支持,企业应确保自身具备稳定的现金流来源,避免回购计划对正常运营造成负面影响。

再次,企业应加强对回购计划的信息披露和沟通工作,确保市场对其回购计划的透明度和可预期性,增强市场信心。

最后,企业在实施溢价回购时,应充分考虑其对自身长期发展的影响,确保回购计划与企业的战略目标和未来发展需求相契合。

通过对苹果公司案例的分析可以看到,溢价回购不仅能够显著提升企业的财务表现,还能为企业的长期发展奠定坚实的基础。

随着资本市场的不断发展和完善,溢价回购作为企业财务管理的重要工具之一,其应用范围和深度将进一步拓展。未来,企业在实施溢价回购时,将更加注重战略性与市场性的结合,通过精准的市场分析和科学的决策机制,实现回购计划的最大化效益。

同时,随着金融科技和大数据技术的发展应用,企业将更加便捷地获取市场信息、评估股价水平和制定回购策略，以便更加精准地把握市场时机和回购价格区间，提高回购计划的成功率和市场反响。未来，随着资本市场的发展和技术的进步，溢价回购策略将在更多企业中得到广泛应用和深度发展。

交换发盘：企业向特定投资者发出交换要约

交换发盘（Exchange Offer）作为一种特殊的金融工具，正逐渐受到企业与投资者的关注。交换发盘允许企业向特定投资者发出要约，以企业现有证券（如债券、股票）或其他资产作为交换，换取投资者持有的另一类证券或资产。这种方式不仅有助于企业实现特定的财务目标，还能在不影响市场流动性的前提下，高效完成资产重组或债务重组。

交换发盘的具体概念是，企业向一组或全体合格投资者发出正式要约，提议以企业自身的某种证券（如新发行的债券、股票或优先股）或其他资产（如现金、子公司股权等），来交换投资者手中持有的企业原有证券或其他类型的金融资产。这一过程通常伴随着详细的要约条款、交换比例、交割日期及一系列法律文件，确保交易的公平、透明与合法性（见图8-3）。

为了更加透彻地阐述交换发盘这一资本运作模式，下面结合具体案例详细阐述。苹果公司作为世界级科技行业，一直以其强大的创新能力和盈利能力著称。然而，随着公司业务的不断扩张和资本市场的波动，苹果也面临着优化债务结构、降低运营成本的需求。为了应对这一挑战，苹果决定实施一项交换发盘计划，以新发行的低息债券回购市场上流通的高息债券。具体做法分为四个阶段：

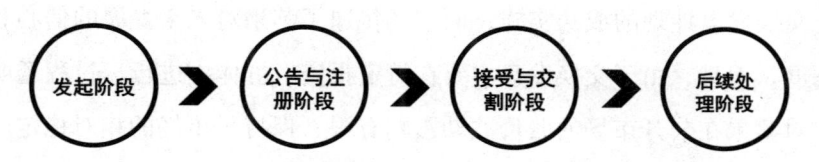

```
┌──────┐ ▶ ┌──────┐ ▶ ┌──────┐ ▶ ┌──────┐
│发起阶段│   │公告与注│   │接受与交│   │后续处 │
│      │   │册阶段 │   │割阶段 │   │理阶段 │
└──────┘   └──────┘   └──────┘   └──────┘
```

企业根据当下市场环境与自身财务需求，确定交换发盘的目标证券、交换比例、期限等关键要素，并聘请法律、财务等专业机构，协助制订详细方案

企业向证券监管机构提交交换发盘计划，获得批准后，通过公告形式向市场披露相关信息，包括要约条款、风险提示、投资者资格要求等

符合条件的投资者在规定时间内决定是否接受要约，若接受要约，则需提交所持证券以供交换。交换达成，企业按照约定的比例和时间表，向投资者交付新证券或资产，并注销原证券

完成交割后，企业须处理因交换发盘引起的财务报表调整、税务规划、信息披露等后续事项，确保合规运营

图8-3　交换发盘的运作机制

首先是策划与准备（发起阶段）——苹果进行了全面的市场分析和财务评估，确定了交换发盘的目标债券、交换比例、利率水平等关键要素。同时，公司聘请了专业的法律顾问和财务顾问团队，协助制订详细的实施方案。

其次是公告与注册——在获得证券监管机构的批准后，苹果通过官方渠道发布了交换发盘公告，详细披露了要约条款、交换流程、投资者资格要求及风险提示等信息。同时，公司还设立了专门的咨询热线和服务团队，为投资者提供解答和支持。

再次是接受与交割——在公告规定的期限内，符合条件的证券持有人纷纷表示接受要约，并提交了所持证券以供交换。苹果按照约定的比例和时间表，向投资者交付了新发行的低息证券，并成功注销了原高息证券。

最后是后续处理——完成交割后，苹果根据相关法律法规的要求，进行了财务报表调整、税务规划及信息披露等工作。同时，公司还加强了与投资者的沟通与交流，确保交换发盘计划的顺利实施和市场反响的积极反馈。

通过交换发盘计划，苹果成功地将部分高息证券置换为低息证券，优化了债务结构，减轻了公司的财务负担，提升了整体盈利能力。

交换发盘计划的成功实施，向市场传递了苹果对未来发展的信心和积极态度。而且，由于交换发盘主要在特定投资者群体中进行，过程透明公开，对苹果在公开市场的股价波动影响有限，保持了市场的相对稳定。同时，此举也向投资者展示了苹果高效的资本运作能力和财务灵活性，能够在未来更加灵活地实施战略投资、研发创新或并购扩张，以应对市场变化和抓住新的增长机遇。

还需注意的一点是，在整个交换发盘过程中，苹果积极与投资者沟通，解答疑问，展示诚意，有助于加深投资者对公司的信任和支持。未来，在更多类似的资本运作活动中，苹果将能够更顺畅地获得投资者的理解和配合。

通过对苹果公司交换发盘的过程与成效的详细解读，可以看到这种资本运作模式具有的诸多优势。但是，利弊相辅相成依然是不争的事实，企业在实施过程中仍可能面临一些挑战，主要包括：

（1）投资者接受度。并非所有投资者都愿意参与交换发盘，特别是当交换条件不够吸引人或市场环境不佳时。为提升接受度，企业需精心设计交换条款，确保其对投资者具有足够的吸引力，并积极开展投资者教育工作。

（2）监管审批。交换发盘涉及复杂的法律程序和监管要求，企业需确保所有操作符合相关法律法规的规定，并顺利通过监管审批。为此，企业应提前与监管机构沟通，了解审批流程和要求，准备充分的申报材料。

（3）市场不确定性。市场环境的变化可能对交换发盘计划产生不利影响，如利率波动、股市下跌等。为应对市场不确定性，企业应制定灵活的应变策略，密切关注市场动态，并根据情况随时调整计划。

（4）信息披露与沟通。在交换发盘的过程中，企业需及时、准确地向投资者披露相关信息，确保交易的公平、透明。同时，企业还需加强与投资者的沟通，解答疑问，建立信任关系。为此，企业应建立完善的信息披露和投资者沟通机制，确保信息的及时传递和有效沟通。

　　交换发盘作为一种创新的融资和资产重组工具，为企业提供了灵活多样的资本运作方式。通过精心策划和实施交换发盘计划，企业可以优化债务结构、降低经营成本、增强市场信心并提升战略灵活性。然而，在实施过程中，企业也需关注投资者接受度、监管审批、市场不确定性及信息披露与沟通等挑战，并制定相应的应对措施，以确保计划的顺利实施和成功落地。

合规篇
加强资本运作管理

第九章 通过风险管理穿越资本迷雾

充分识别和理解潜在风险因素

资本运作往往伴随着各种潜在风险,这些风险如果未能得到充分的识别和理解,将可能给企业带来严重的财务损失和战略挫败。因此,企业在资本运作过程中,必须高度重视风险识别与管理,确保在追求资本增值的同时,能够稳健地应对各种不确定性因素。

资本运作决策往往涉及大量的资金和资源投入,一旦决策失误,将给企业带来不可估量的损失。风险识别作为风险管理的第一步,是企业能够及时发现并应对潜在风险的关键。通过风险识别,企业可以更加全面地了解资本运作过程中可能面临的各种风险和挑战,从而更加审慎地进行决策。这种给予风险的决策过程,能够显著提升决策的科学性和合理性,减少盲目性和随意性。企业还可以借助风险识别建立起一套完善的风险预警和应对机制,及时发现并应对潜在风险,显著提升企业的抗风险能力。

只有在充分识别和理解潜在风险的基础上,企业才能制定有针对性的风险管理策略,降低风险发生的概率和影响程度。那么,风险识别的方法有哪些呢?

(1)统计测试与模型比较。统计测试是一种基于历史数据的分析的方法，通过分析潜在风险的时间数据，识别可能存在的威胁和问题。模型比较是通过构建定量模型，评估潜在风险的存在性和影响程度。这两种方法相结合，可以帮助企业更加准确地识别资本运作过程中的潜在风险。

（2）决策树分析与因果图分析。决策树分析是通过图形化的方式展示复杂的决策过程和风险识别流程，使企业能够更加直观地理解可能存在的潜在风险。因果图分析是通过识别风险因素之间的因果关系，评估风险的潜在复杂性和影响程度。这两种方法相结合，可以为企业提供更加全面的风险识别视角。

（3）可能性分析与风险源识别。可能性分析是一种通过评估新出现风险的可能性及其潜在损失大小识别风险的方法。风险源识别是通过检查企业的活动和其他因素识别可能存在的风险源头。这两种方法相结合，可以帮助企业及时发现并应对新出现的风险和挑战。

（4）基于数据的分析与专家判断。基于数据的分析是通过使用定量分析方法查看和监控有关风险的数据来识别潜在风险。同时，结合专家判断和经验积累，可以更加准确地评估风险的性质和影响程度。这两种方法结合了定量分析和定性分析的优势，提高了风险识别的准确性和可靠性。

以下将以海尔集团为例，分析其在资本运作过程中如何充分识别和理解潜在风险因素。海尔在资本运作过程中始终坚持以用户为中心的战略导向，明确资本运作的目标和方向。同时，集团建立了完善的风险识别框架，包括财务风险、市场风险、管理风险等多个维度。通过这一框架的建立和实施，海尔能够系统地识别和评估资本运作过程中可能面临的潜在风险。

海尔在资本运作风险识别过程中采用了多种方法相结合的策略。一方面，集团利用统计测试和模型比较等方法对历史数据进行分析和预测；另一方面，通过决策树分析和因果图分析等方法解释潜在风险复杂性和关联性。同时，还注重基于数据的分析与专家判断的结合运用，确保风险识别的准确性和可靠性。

海尔深知内部管理和风险控制对于资本运作的重要性。因此，集团不断加强内部控制体系的建设和完善，确保各项资本运作活动都能在严格的制度约束下进行。同时，集团还建立了风险预警和应对机制，一旦发现潜在风险，立即采取相应措施进行应对和化解。

在并购过程中，海尔充分识别了潜在的市场风险、财务风险和管理风险。针对市场风险，通过深入分析目标市场的竞争格局和消费者需求变化，评估并购的可行性和风险程度；针对财务风险，通过详细审查目标企业的财务报表和财务指标，评估其偿债能力和盈利能力；针对管理风险，通过与目标企业管理层进行深入交流和沟通，了解其管理模式和文化差异等潜在风险点。通过一系列的风险识别与评估工作，海尔能够更加准确地判断并购的利弊得失，并制定相应的风险应对策略，从而确保并购活动的顺利进行和成功实施。

海尔的国际化战略是其资本运作的重要组成部分，也是其面临复杂多变的国际环境时风险识别与管理的典范。在国际化进程中，海尔不仅面临着市场进入障碍、文化差异的挑战，还有汇率波动风险、政治风险等跨国经营特有的不确定性（见图9-1）。

市场进入障碍——先进行市场调研，再实施本土化战略，包括产品定制化、渠道地域化、品牌本地化等

文化差异的挑战——注重文化融合与人才管理，通过培训、交流等方式，建设跨文化、多元化的人才队伍

汇率波动风险——采取多种措施管理汇率风险，包括签订长期合同以锁定汇率、使用金融衍生工具进行套期保值等

政治风险——密切关注各国政治经济形势，评估潜在政治风险。且加强与当地政府部门的沟通和合作，争取良好的政策环境

海尔集团的国际化战略与风险控制

图9-1 海尔集团的国际化战略与风险控制

海尔集团在资本运作过程中充分识别和理解潜在风险因素的经验和做法，为其他企业提供了宝贵的启示。通过建立健全的风险管理机制、运用多种方法进行风险识别和分析、加强内部管理和风险控制，以及制定灵活多样的风险应对策略等措施的实施和落实，企业可以在资本运作过程中稳健前行、实现可持续发展。

评估每个风险的概率和影响程度

风险评估是对可能影响企业资本运作的各种风险进行识别、分析、评价的过程。其目的是帮助企业决策者了解风险的性质、范围和可能带来的后果，从而做出明智的决策。

在资本运作中，风险评估尤其重要，因为资本运作往往涉及大额资金的流动和复杂的交易结构，任何风险的发生都可能对企业造成重大损失。评估风险概率和影响程度的方法如下。

（1）内部因素与外部因素结合。内部因素包括企业的资源、能力、管理体系、内部控制等；外部因素包括市场竞争、法律法规、经济环境、技术变革等。通过对这些因素的全面分析，可以初步识别出企业可能面临的风险。

（2）业务流程与金融因素。进一步分析业务流程中的潜在风险点，如供应链中断、生产流程问题、销售渠道不畅等。还需关注能够直接影响企业资本运作效率和安全性的金融因素，如利率风险、汇率风险、市场风险等。

（3）历史数据分析与专家意见。通过分析过去类似风险事件的发生频率和后果，可以预测未来类似风险的发生概率。邀请相关领域的专家对风险进行评估，利用其经验和知识判断风险的概率和影响程度。

（4）模型与统计方法。通过对相关数据的分析和建模，更精确地估计风险的概率和影响程度。这些模型和方法包括但不限于蒙特卡罗模拟、敏感性分析、压力测试等。

（5）市场调研与竞争分析。通过对市场和竞争环境的深入了解，评估市场变化对企业资本运作的潜在影响，以及竞争对手可能采取的行动对企业造成的风险。

某集团企业的主营业务涵盖家电、汽车零部件等多个领域。近年来，行业竞争日益加剧，市场需求变化难以预测，在资本运作过程中，该集团面临着诸多风险。

该集团在资本运作初期，首先通过内部和外部因素的分析识别出可能面临的风险。这些风险包括市场风险（如需求下滑、竞争加剧）、财务风险（如资金链断裂、融资成本上升）、运营风险（如供应链中断、生产延误）等。

针对识别出的风险，该集团进行了深入的分析。

对于市场风险，通过市场调研和竞争分析发现，当前行业增长放缓，竞争日趋激烈，市场风险发生的概率较高。同时，由于该集团的产品在市场中占有一定的份额，一旦市场需求大幅下滑，将直接影响其销售收入和市场份额，因此市场风险的影响程度也较大。

对于财务风险，该集团通过财务报表分析和内部控制检查发现，集团的资产负债率较高，且短期债务占比较大。一旦资金链出现问题或融资成本上升，将可能导致集团无法按时偿还债务或影响其他投资项目的进行。因此，财务风险的概率和影响程度也较高。

对于运营风险，该集团通过供应链管理和生产流程优化等措施降低了部分风险。然而，仍存在一定的风险点，如原材料价格波动、生产设备故障等。这些风险虽然发生的概率相对较低，但一旦发生将对生产造成较大影响，进而影响公司的整体运营。

在评估了各种风险的概率和影响程度后，该集团制定了相应的风险应对策略。

对于市场风险，该集团加大市场开拓力度，提高产品质量和服务水平以吸引更多客户。同时，加强品牌建设和营销策略创新，以提升市场竞争力。

对于财务风险，该集团优化资本结构，降低负债率，并增加现金流储备，以应对潜在的融资风险。同时，加强与金融机构的合作，以获取更优惠的融资条件。

对于运营风险，该集团加强供应链管理，确保原材料的稳定供应。并加强生产设备的维护和管理，以减少故障发生的概率。

通过科学的风险评估和有效的风险应对策略的实施，该集团成功应对了资本运作过程中遇到的各种风险。这一案例启示我们：在资本运作中企业必须高度重视风险评估工作；通过科学的方法和手段，准确评估每个风险的概率和影响程度；并制定相应的风险应对策略，以降低潜在损失，确保资本运作的顺利进行。同时，企业还应加强内部管理、优化业务流程、提升技术水平等，以增强自身的抗风险能力。

制定有效的风险应对策略

资本运作作为企业经营中不可或缺的重要环节，不仅涉及资金的高效运作，还涉及战略部署、市场分析、内部管理等多个维度。在这个过程中，风险是不可避免的，因此，制定有效的风险应对策略成为企业必须重视的工作。

资本运作风险是在资本运作过程中，由于内外部环境的不确定性和变动性，导致企业遭受损失或无法达到预期目标的可能性。这些风险包括但不限于市场风险、财务风险、法律风险、战略风险等。

资本运作风险是客观存在的，不以人的意志为转移，且风险随着环境、时间和条件的变化而变化。虽然资本运作风险一旦发生，将对企业造成严重的经济损失和信誉损害。但是，通过科学合理的风险管理策略，仍然可以大幅降低风险的发生概率和损失程度。这就要求企业建立健全风险管理体系，明确风险管理的组织架构、职责分工、管理流程等。设立专门的风险管理部门或岗位，负责风险的识别、评估、监控和报告等工作。

风险识别是制定有效风险应对策略的第一步。企业需要从多个角度全面审视资本运作过程中的潜在风险，包括市场环境的变化、政策法规的调整、合作伙伴的稳定性、内部管理的效率等。同时，结合企业的实际情况和战略目标，确定关键风险点。

风险评估是制定有效风险应对策略的第二步。对已经识别的风险进行量化分析，评估其发生的可能性和潜在的损失程度。通过建立风险评估模型，采用定量和定性相结合的方法，对风险进行排序和分级，为后续的风险应对策略制定提供依据。

风险识别与评估之后，企业要针对不同的风险类型和程度，制定多样化的风险应对策略。对于高风险领域，采取严格的防范措施和应急预案；对于中低风险领域，可通过加强监控和评估控制风险（见图9-2）。

深圳达晨创业投资有限公司（以下简称"达晨创投"）作为中国知名的创投机构之一，自2000年成立以来一直聚焦于文化传媒、消费服务、现代农业、节能环保四大投资领域。在资本运作过程中，达晨创投不仅面临着市场环境的变化和政策法规的调整等外部风险，还面临着内部管理和投资决策等内部风险。然而，达晨创投制定了有效的风险应对策略，在竞争激烈的创投市场中实现了快速发展。

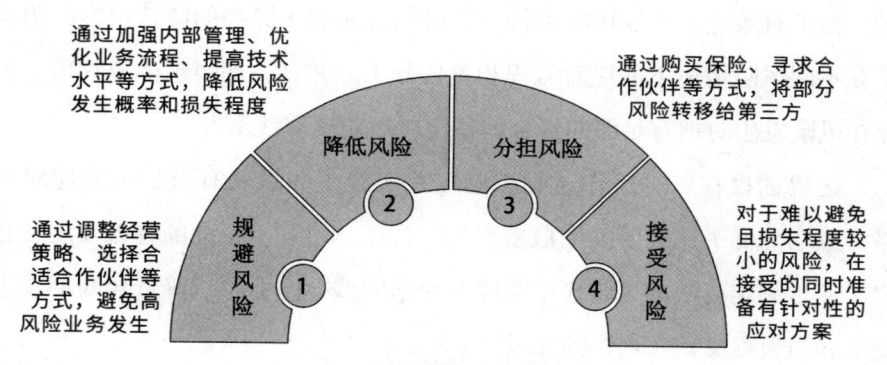

图9-2 制定多样化风险应对策略

- 规避风险①：通过调整经营策略、选择合适合作伙伴等方式，避免高风险业务发生
- 降低风险②：通过加强内部管理、优化业务流程、提高技术水平等方式，降低风险发生概率和损失程度
- 分担风险③：通过购买保险、寻求合作伙伴等方式，将部分风险转移给第三方
- 接受风险④：对于难以避免且损失程度较小的风险，在接受的同时准备有针对性的应对方案

达晨创投在投资决策过程中始终保持审慎态度，对投资项目进行全面的尽职调查和风险评估。公司建立了多支专业的投资团队，通过深入了解目标企业的行业动态、经营状况、团队背景等方面信息，筛选出具有投资价值和成长潜力的项目。且非常重视与目标企业的沟通交流和互信合作，确保投资决策的准确性和可行性。

同时，达晨创投高度重视内部管理建设，实行扁平化管理架构和团队作战模式，提高了决策效率和执行力，有效地降低了内部风险的发生概率和损失程度。

在市场环境不断变化的背景下，达晨创投始终保持敏锐的市场洞察力和判断力，及时调整投资方向和项目组合。达晨创投还加强与投资银行、会计师事务所等外部机构的合作与交流，及时掌握市场动态和政策信息，以便更好地制定风险应对策略。

为了对投资项目进行实时跟踪和动态监控，达晨创投建立了完善的风险监控体系。公司设立风险监控团队，利用数据分析、财务审计等手段，对投资项目的运营情况、财务状况、市场表现等关键指标进行持续监测。

一旦发现潜在风险或异常波动，团队将立即启动风险预警机制，组织相关部门进行深入分析，并制定相应的应对措施。

为了有效应对突发风险事件，达晨创投制定了详细的应急预案，明确了在不同风险情境下的应对流程和责任分工。并且，加强现金流管理，确保在风险发生时拥有足够的资金储备应对短期流动性压力。

达晨创投在资本运作过程中制定并实施了一系列有效的风险应对策略，成功降低了风险的发生概率和损失程度，实现了企业的稳健发展。总之，通过制定有效的风险应对策略并付诸实践，企业可以降低风险的发生概率和损失程度，实现稳健发展。

做好操作中风险的防控

资本运作涉及资金调配、投资决策、风险管理等多个方面。在这一过程中，风险防控至关重要，直接关系到企业的稳定与发展。资本运作风险可能源自外部环境的变化，如经济波动、政策调整等，也可能源自企业内部管理的缺陷，如决策失误、执行不力等。

资本运作风险来源广泛，涉及市场风险、信用风险、操作风险等多个方面。且部分风险在早期难以察觉，随着资本运作的深入逐渐显现。这就更加要求企业必须能在资本运作风险的早期及时识别与评估出来，并在资本运作的实操过程中做好防控与应对策略。因此，企业应建立健全风险防控体系，明确资本运作风险管理的目标、原则、流程和责任分工。体系应涵盖风险识别、评估、监控、应对等各个环节，确保风险防控工作的系统性和全面性。

风险识别是风险防控的第一步，企业需通过系统的信息收集和分析，识别出资本运作过程中可能存在的各种风险。具体方法包括但不限于：

（1）市场环境分析：关注宏观经济指标、行业动态、竞争格局等变化。

（2）政策法规研究：及时了解和掌握相关政策法规的调整及其对资本运作的影响。

（3）内部流程梳理：通过流程再造、风险评估等手段，识别出内部管理中的薄弱环节和潜在风险点。

风险评估是在风险识别的基础上，对风险发生的可能性、影响程度进行量化分析，以便企业更好地了解风险的全貌，并制定相应的防控策略。评估方法包括但不限于：

（1）风险矩阵法：将风险发生的可能性和影响程度分别进行量化打分，形成风险矩阵图，便于直观判断风险等级。

（2）情境分析法：构建不同情境下的资本运作模型，模拟分析风险对企业的影响程度。

（3）专家打分法：邀请行业专家对风险评估打分，提高评估结果的客观性和准确性。

企业应通过完善内部控制制度、加强内部审计和监督等手段，提高风险管理的效率和效果。具体措施包括：

（1）建立内部控制体系：制定并执行各项内部控制制度，确保企业运营合规性。

（2）加强风险管理培训：提高全员风险意识和防控能力，形成全员参与的良好氛围。

（3）引入风险管理工具：如风险管理系统、大数据分析等工具，提高风险识别和评估的准确性和时效性。

企业应根据自身实际情况和市场环境，合理确定资本结构和资金运作方案，降低财务风险。具体措施包括：

（1）科学安排融资计划：根据企业发展需要和市场情况，确定融资规模、方式和期限。

（2）加强资金管理：通过资金集中管理，优化资金配置，提高资金使用效率和安全性。

（3）注重投资风险管理：对投资项目进行全面尽职调查和风险评估，确保投资决策的科学性和合理性。

企业应建立风险预警和应急机制，及时发现并应对潜在风险。具体措施包括：

（1）设立风险预警指标：根据企业实际情况和市场环境，设立高敏感度的风险预警指标，并进行实时监控。

（2）制定应急预案：针对可能出现的风险事件，制定详细的应急预案和应对措施，确保在风险发生时能够迅速响应和有效应对。

（3）加强沟通与协作：建立跨部门、跨领域的沟通协调机制，确保在风险应对过程中各部门能够协同作战、形成合力。

A集团是国内一家以制造业为主的大型企业集团，业务涵盖多个领域。在资本运作过程中，集团注重风险防控工作，通过风险防控体系和优化内部管理流程等措施，有效降低了资本运作风险对企业的影响。

A集团高度重视风险防控工作，建立了以风险管理委员会为核心的风险防控体系。该委员会负责统筹协调企业的风险管理工作，负责风险识别、评估、监控和报告等工作，并负责制定风险管理政策和策略，并监督各部门的风险防控工作落实情况。

A集团通过完善内部控制制度、加强内部审计和监督等手段，提高了风险管理的效率和效果（见图9-3）。

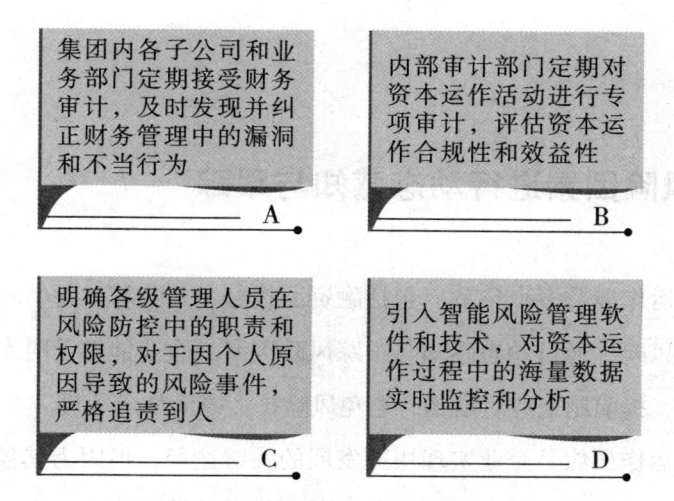

集团内各子公司和业务部门定期接受财务审计，及时发现并纠正财务管理中的漏洞和不当行为 A	内部审计部门定期对资本运作活动进行专项审计，评估资本运作合规性和效益性 B
明确各级管理人员在风险防控中的职责和权限，对于因个人原因导致的风险事件，严格追责到人 C	引入智能风险管理软件和技术，对资本运作过程中的海量数据实时监控和分析 D

图9-3　A集团强化内部控制和风险管理的具体措施

　　A集团根据市场环境和自身发展需求，不断优化资本结构，保持合理的负债水平，降低财务风险。同时，A集团在投资决策上秉持稳健原则，对投资项目进行全面尽职调查和风险评估，确保投资决策的科学性和合理性。

　　A集团还建立了风险预警系统，建立风险预警模型，对可能发生的风险事件进行实时监测和预警。一旦风险预警系统发出警报，集团将立即启动应急预案，迅速组织相关部门和人员进行风险评估和应对，确保风险事件得到及时有效的控制和处理。

　　通过上述风险防控措施的实施，A集团在资本运作过程中有效降低了各类风险的发生概率和影响程度。为集团的可持续发展奠定了坚实的基础，也为行业内其他企业提供了有益的经验和借鉴。

　　总之，资本运作是企业发展的重要推动力，但伴随而来的风险也不容忽视。企业在资本运作过程中应采用一系列正确有效的措施，以防范和应对各类风险。只有这样，企业才能在复杂多变的市场环境中稳健前行，表现出持续增益的发展状态。

对风险因素进行动态感知与跟踪

资本运作涉及多个环节，包括融资、投资、并购等，每个环节都蕴含着不同的风险。通过动态感知与跟踪风险因素，企业能够及时发现并识别潜在风险，提前制定应对措施，避免风险扩大或演变成危机。

资本运作虽然是企业实现快速发展的关键途径，但因为其伴随着巨大的经济后果，因此也是一把双刃剑。若不能有效管理风险，企业可能会面临财务危机、市场信誉受损等严重后果。因此，通过对风险因素的动态感知与跟踪，企业能够获取更全面、准确的信息，提高决策的科学性和准确性，减少因信息不对称或误判导致的损失。

在资本市场中，市场波动是难以避免的。企业应建立科学的风险预警系统，对资本运作过程中可能出现的风险进行实时监控和预警。拥有完善的风险预警系统，就能够及时捕捉到市场变化的信号，如政策调整、行业趋势转变、竞争对手动态等，从而迅速调整投资策略，减少市场波动带来的负面影响。

信息是企业感知和跟踪风险的重要依据。企业应建立完善的信息收集和分析机制，通过多渠道、多途径收集与资本运作相关的信息，包括宏观经济环境、政策法规、市场动态、行业竞争格局等。同时，运用专业的分析工具和方法，对收集到的信息进行深入分析和挖掘，发现潜在的风险因素和风险趋势。

企业必须制订详细的风险管理计划和流程，明确各级管理人员在风险管理中的职责和权限，以确保风险管理工作得到有效执行。同时，建立风险报告和反馈机制，定期向管理层汇报风险管理工作进展和存在的问题，及时调整和完善风险管理策略。

资本运作涉及多个部门和领域，需要跨部门之间的协作与沟通。因此，企业还应建立跨部门协作机制，加强各部门之间的信息共享和沟通交流，形成合力共同应对风险。可以建立定期的风险评估会议制度，邀请相关部门和人员参加会议，共同分析风险因素和制定应对措施。

B集团是一家在国内市场具有重要地位的大型企业集团，近年来，一直积极开展资本运作活动，包括融资、投资、并购等。在资本运作过程中，集团注重风险因素的动态感知与跟踪工作，取得了显著成效。

B集团建立了全面的风险预警系统，涵盖市场风险、信用风险、操作风险等多个方面，对资本运作过程中可能出现的风险进行实时监控和预警。

B集团通过市场调研、竞争对手分析、政策法规研究等多种途径，收集与资本运作相关的信息。同时，运用大数据分析、数据挖掘等先进技术手段，对收集到的信息进行逐层分析。为集团制定风险应对策略提供了有力支持。

B集团一方面明确了各级管理人员在风险管理中的权责划分，另一方面制订了详细的风险管理计划和流程，包括风险识别、评估、监控和应对等环节。通过定期的风险评估会议和风险报告制度，确保风险管理工作得到有效执行和及时反馈。此外，集团还建立了风险应对预案库，针对不同类型的风险制定了相应的应对措施和预案。

B集团成立了跨部门协作小组，负责协调各部门之间的信息共享和沟通交流工作。通过定期召开协作会议和开展联合调研活动等方式，形成合力共同应对风险。

通过实施一系列的风险因素动态感知与跟踪策略，B集团在资本运作过程中取得了显著成效。既成功识别和应对了多起潜在风险事件，避免了因风险扩大或演变成危机而导致的损失；又通过优化资源配置和提高决策准确性等方式，提高了资本运作的效益和效率。

  风险管理是一个持续优化的过程。通过对风险因素的动态感知与跟踪，企业能够及时发现并应对潜在风险，提高决策的准确性和科学性，保障企业的稳健发展。未来，随着市场环境的变化和企业发展的需求，企业需要不断探索和创新风险管理方法，以适应更加复杂多变的商业环境。

第十章　借助财务分析选对资本赛道

资金流量分析

资金是企业生存与发展的基石，资金流量分析是企业掌握自身财务状况、评估经营效率、制定战略规划的关键工具。

资金流量分析，又称现金流量分析，是通过对企业在一定时期内现金流入与流出的总量及其结构进行系统的分析与评价，以揭示企业经营活动、投资活动和筹资活动对现金及现金等价物的影响，进而评估企业的偿债能力、运营效率和盈利质量的一种财务管理方法。

通过分析经营活动中的资金流量，企业可以发现资金闲置或过度集中的领域，从而优化资源配置，提高资金使用效率。通过分析经营活动中现金流入与流出的时间差和规模，评估企业是否具备足够的现金支付能力，以应对短期债务和突发情况。通过分析投资活动产生的现金流量，可知企业的未来成长潜力和资本支出效率，为企业制定投资决策提供依据。

既然资金流量分析有如此重要的作用，那么资金流量应该如何分析呢？我们推荐以下四种方法，供大家参考。

（1）结构分析。主要关注现金流入与流出的构成比例，如经营活动现金流量净额占总现金流量的比例、投资活动现金流量与筹资活动现金流量的对比等。有助于了解企业现金流量的主要来源和去向，判断企业现金流的健康程度。

（2）趋势分析。通过比较连续多个会计期间的资金流量表，观察企业现金流量变化趋势的一种方法。可以帮助企业识别现金流量的增长或下降趋势，预测未来现金流量的可能情况，为制定长期战略规划提供依据。

（3）比率分析。运用一系列财务指标，如现金流动负债比率、现金再投资比率、盈余现金保障倍数等，来评估企业现金流量的状况和质量。这些比率能够从不同角度反映企业的偿债能力、运营效率和盈利质量。

（4）因素分析。通过分析影响现金流量变化的关键因素，如销售收入增长、成本控制效率、资本支出规模等，揭示现金流量变化背后的经济动因，为企业制定针对性改进措施提供依据。

资金流量分析是企业风险管理的重要工具。通过定期监测现金流量状况，企业可以及时发现潜在的现金流风险，如资金链断裂、应收账款积压等，并采取相应的风险缓解措施。同时，资金流量分析还可以帮助企业评估外部融资需求，确保企业在需要时能够及时获得足够的资金支持。

资金流量状况是企业绩效的重要体现之一。通过将资金流量指标纳入绩效考核体系，企业可以激励管理层和员工关注现金流量管理，提高资金使用效率。例如，可以设置经营活动现金流量净额增长率、应收账款周转率等指标作为绩效考核指标之一。

资金流量分析为企业制定战略规划提供了重要依据。通过分析历史现金流量数据和市场趋势，企业可以预测未来现金流量的可能情况，从而制定符合企业实际情况的战略规划。例如，在扩张战略中，企业可以根据预测的现金流量状况确定扩张速度和规模；在收缩战略中，企业则可以通过优化资源配置和减少非核心业务来改善现金流量状况。

在经营决策过程中，资金流量分析有助于企业评估不同方案的现金流量影响，选择能够最大化现金流量的方案。例如，在产品线扩张决策中，企业可以通过预测新产品销售带来的现金流入和相应成本支出，评估新产品的盈利能力和对整体现金流量的贡献。

综上所述，企业在制定资金流量管理策略时，既要考虑企业的长期发展目标，又要兼顾短期经营需求。通过制订科学合理的资金流量计划，确保企业在实现短期目标的同时，为长期发展奠定坚实的基础。

面对复杂多变的商业环境，企业需要不断加强资金流量管理，提升财务管理能力，加强与金融机构的合作，以应对各种挑战和风险。通过综合运用结构分析、趋势分析、比率分析和因素分析等方法，企业可以深入了解资金流量的内在规律和变化趋势，为制定科学合理的资金流量管理策略提供有力支持。只有这样，企业才能在激烈的市场竞争中保持稳健发展态势，实现可持续发展目标。

财务报表分析

在商业世界中，财务报表是企业与利益相关者沟通的核心工具，既是企业财务状况、经营成果和现金流量的直接反映，更是决策者制定战略、评估绩效、预测未来和做出投资决策的重要依据。

财务报表分析，作为对这些财务报表深入解读和评价的过程，对于企业的管理层、投资者、债权人、政府监管机构以及潜在的合作伙伴而言，具有不可估量的价值。

1. 财务报表的基本构成

在进行财务报表分析之前，了解其主要构成是必要的。通常，企业的财务报表体系包括四张主要报表：资产负债表、利润表（损益表）、现金流量表和所有者权益变动表（部分国家或地区可能不要求单独编制）。

（1）资产负债表：展示企业在某一特定时点的资产、负债和所有者权益状况，反映了企业的财务结构和偿债能力（见表10-1）。

表10-1 资产负债表

编制单位：×××公司　　　　时间：2024—09—22　　金额单位：万元

资产	年初余额	期末余额	负债及所有者权益/股东权益	年初余额	期末余额
流动资产：			流动负债：		
货币资金			短期借款		
交易性金融资产			交易性金融负债		
应收账款			应付账款		
应收票据			应付票据		
应收股利			应付股利		
应收利息			应付利息		
预付款项			预收款项		
其他应收账款			应交税费		
存货			应付薪酬		
其他流动资产			其他应付款		
流动资产合计			其他流动负债		
			流动负债合计		
非流动资产：			非流动负债：		
可供出售金融资产			长期借款		
持有至到期投资			应付债券		
长期应收款			长期应付款		
长期股权投资			递延所得税负债		
投资性房地产			其他非流动负债		
固定资产			非流动负债合计		
在建工程			负债总计		
长期待摊费用			所有者权益/股东权益		

续表

资产	年初余额	期末余额	负债及所有者权益/股东权益	年初余额	期末余额
无形资产			实收资本/实收股本		
递延所得税资产			资本公积		
其他非流动资产			盈余公积		
非流动资产合计			未分配利润		
资产总计			所有者权益/股东权益合计		
			负债和所有者权益/股东权益总计		

（2）利润表：反映企业在一定会计期间内的经营成果，即收入减去费用后的净利润，是衡量企业盈利能力的重要指标（见表10-2）。

表10-2　利润表

所属时期：　　年　月　日至　　年　月　日

编制单位：×××公司　　　　　　　　　金额单位：元（列至角分）

项目	本期金额	上期金额
一、营业收入		
减：营业成本		
营业税金及附加		
销售费用		
管理费用		
研发费用		
财务费用		
其中：利息费用		
资产减值损失		
加：公允价值变动收益（损失以"－"号填列）		
投资收益（损失以"－"号填列）		
其中：对联营企业和合营企业的投资收益		
二、营业利润（损失以"－"号填列）		
加：营业外收入		

续表

项目	本期金额	上期金额
减：营业外支出		
其中：非流动资产处置损失		
三、利润总额（损失以"—"号填列）		
减：所得税费用		
四、净利润（损失以"—"号填列）		
（一）持续经营净利润		
（二）终止经营净利润		
五、其他综合收益的税后净额		
（一）不能重分类进损益的其他综合收益		
1. 重新计量设定收益计划变动额		
2. 权益法下不能转损益的其他综合收益		
（二）将重分类进损益的其他综合收益		
1. 权益法下可转损益的其他综合收益		
2. 可供出售金融资产公允价值变动损益		
3. 持有至到期投资重分类为可供出售金融资产损益		
4. 现金流量套期损益的有效部分		
5. 外币财务报表折算差额		
六、综合收益总额		

（3）现金流量表：提供企业在一定会计期间内现金及现金等价物的流入和流出信息，帮助了解企业现金流量的生成能力、结构和使用情况（见表10-3）。

表10-3　现金流量表

编制单位：×××公司　　　　　时间：2022—09—22　　　　金额单位：元

项目	本年金额	本月金额
一、经营活动产生的现金流量：		
销售商品、提供劳务收到的现金		
收到的税费返还		

续表

项目	本年金额	本月金额
收到其他与经营活动有关的现金		
经营活动现金流入小计		
购买商品、接受劳务支付的现金		
支付给员工及为员工支付的现金		
支付的各项税费		
支付其他与经营活动有关的现金		
经营活动现金流出小计		
经营活动产生的现金流量净额		
二、投资活动产生的现金流量：		
收回投资所收到的现金		
取得投资收益收到的现金		
处置固定资产、无形资产及其他长期资产收回的现金净额		
收到其他与投资活动有关的现金		
投资活动现金流入小计		
投资支付的现金		
购建固定资产、无形资产及其他长期资产支付的现金		
取得子公司及其他经营单位支付的现金净额		
支付的其他与投资活动有关的现金		
投资活动现金流出小计		
投资活动产生的现金流量净额		
三、筹资/融资活动产生的现金流量：		
吸收投资收到的现金		
取得借款收到的现金		
收到其他与筹资/融资活动有关的现金		
筹资/融资活动现金流入小计		
偿还借款本金支付的现金		
偿还借款利息支付的现金		
分配利润、股利支付的现金		

续表

项目	本年金额	本月金额
支付其他与筹资/融资活动有关的现金		
筹资/融资活动现金流出小计		
筹资/融资活动产生的现金流量净额		
四、现金及现金等价物净增加额：		
加：期初现金及现金等价物余额		
减：期末现金及现金等价物余额		

（4）所有者权益变动表（非必选）：详细说明了一定时期内企业所有者权益的变动情况，包括净利润、股东投入和利润分配等引起的变动（见表10-4）。

表10-4 所有者权益变动表

编制单位：××年度 会企×××表　　　　　金额单位：元

项目	本年金额					上年金额				
	实收资本/股本	资本公积	减：库存股	盈余公积	未分配利润	所有者权益合计	实收资本/股本	资本公积	减：库存股	盈余公积	未分配利润	所有者权益合计
一、上年年末余额												
加：会计政策变更												
前期差错更正												
二、本年年初余额												
三、本年增减变动金额（减少以"—"号填列）												
（一）净利润												
（二）直接计入所有者权益的利得和损失												
1.可供出售金额资产公允价值变动净额												

续表

项目	本年金额					上年金额				
	实收资本／股本	资本公积	减：库存股	盈余公积	未分配利润	所有者权益合计	实收资本／股本	资本公积	减：库存股	盈余公积	未分配利润	所有者权益合计
2.权益法下被投资单位其他所有者权益变动的影响												
3.与计入所有者权益项目相关的所得税影响												
4.其他												
上述（一）和（二）小计												
（三）所有者投入和减少资本（减少以"-"号填列）												
1.所有者投入和减少资本												
2.股权支付计入所有者权益的金额												
3.其他												
（四）利润分配												
1.提取盈余公积												
2.对所有者（或股东）的分配												
3.其他												
（五）所有者权益内部结转（减少以"-"号填列）												
1.资本公积转增资本（或股本）												
2.盈余公积转增资本（或股本）												
3.盈余公积弥补亏损												
4.其他												
四、本年年末余额												

2.财务报表分析的方法

财务报表分析可以采用多种方法，大致可分为横向分析、纵向分析、比率分析和趋势分析几大类。

（1）横向分析：也称比较分析法，是将企业当期的财务报表数据与历史数据、行业标准或竞争对手数据进行对比，以评估企业在不同时间点或相对环境中的表现，有助于识别企业的进步、退步或差异所在。

（2）纵向分析：也称百分比分析法或结构分析法，是通过计算各项目的绝对数占报表中某个项目的绝对数的百分比来进行分析的方法。在资产负债表和利润表中，常以总资产或总营业收入为基数进行百分比计算，从而了解各组成部分在整体中的相对地位和变化趋势。

（3）比率分析：是财务报表分析中最常用也是最重要的方法之一。通过计算各项财务指标之间的比率，如盈利能力比率（如净资产收益率、毛利率）、偿债能力比率（如流动比率、速动比率）、运营效率比率（如存货周转率、应收账款周转率）和增长能力比率（如营业增长率、净利润增长率）等，全面评估企业的财务状况和经营成果。

（4）趋势分析：是通过连续几个会计期间的财务数据，计算变动趋势或增长率，以观察企业发展趋势的分析方法。可以帮助预测企业未来的财务状况和经营绩效，为长期规划提供重要参考。

3.财务报表分析的步骤

首先，需要收集完整、准确的财务报表数据，并进行必要的整理和调整，确保数据的可比性。

其次，了解企业的行业背景、经营战略、市场环境以及财务报告期的特殊事项等，对于准确解读财务报表至关重要。

其三，根据上述介绍的各种分析方法，对企业财务报表进行全面、深入的分析，计算出相关财务比率，识别出关键的财务指标和异常点。

其四，将各项分析结果进行综合比较，结合企业实际情况和行业标准，进行逻辑推理和判断，形成对企业财务状况、经营成果和现金流量的整体评价。

最后，将分析结果整理成报告形式，明确表述企业的财务状况、存在的问题、改进建议以及未来展望，为利益相关者提供有价值的参考信息。

综上所述，财务报表分析是企业资本运作的关键环节，直接关系到外部投资者、债权人等利益相关者的切身利益。通过科学合理的财务报表分析方法，管理者能够穿透数字的迷雾，洞察企业的真实状况，为企业的健康发展提供有力支持。同时，管理者也必须认识到财务报表分析的局限性，始终保持谨慎和理性的态度，综合多种信息和视角，做出更为准确和全面的判断。

财务比率分析

在企业的日常运营与战略决策中，财务比率分析是一种强大的分析工具。通过对财务报表中各项数据之间的逻辑关系进行量化比较，揭示了企业的盈利能力、偿债能力、运营效率和增长潜力等关键财务信息，为管理者、投资者、债权人等利益相关者提供了深入洞察企业财务健康状况的窗口。

财务比率分析是通过计算财务报表中相关项目之间的比率，评估企业财务状况和经营成果的一种方法。这些比率能够揭示企业内部的财务关系，帮助分析者快速把握企业的财务特点和问题所在。财务比率分析的核心在于比较，既可以是企业内部的纵向比较（如与上一会计期间相比），也可以是企业外部的横向比较（如与行业平均水平或竞争对手相比）。

1. 财务比率的主要类型

（1）盈利能力比率：盈利能力比率是衡量企业赚取利润能力的指标。主要包括：

①净资产收益率（ROE）：反映股东权益的盈利能力，计算公式为净利润除以股东权益平均余额。

②总资产报酬率（ROA）：衡量企业总资产产生利润的能力，计算公式为净利润除以总资产平均余额。

③毛利率：反映企业销售商品或提供服务的初始获利能力，计算公式为销售收入减去销售成本之差除以销售收入。

④净利率：衡量企业销售收入转化为净利润的效率，计算公式为净利润除以销售收入。

（2）偿债能力比率：偿债能力比率用于评估企业偿还债务的能力，分为短期偿债能力和长期偿债能力两类：

短期偿债能力比率：

①流动比率：流动资产与流动负债之比，反映企业短期债务的偿还能力。

②速动比率：速动资产（流动资产减去存货等不易迅速变现的资产）与流动负债之比，更为严格地评估企业的短期偿债能力。

长期偿债能力比率：

①资产负债率：总负债与总资产之比，反映企业总资产中有多大比率是通过负债筹集的。

②利息保障倍数：息税前利润（EBIT）与利息费用之比，衡量企业支付利息费用的能力。

（3）运营效率比率：运营效率比率用于评估企业资产管理的效率和效果。主要包括：

①存货周转率：销售成本与平均存货之比，反映存货的周转速度和管理效率。

②应收账款周转率：销售收入与平均应收账款之比，衡量应收账款的回收速度和效率。

③总资产周转率：销售收入与平均总资产之比，反映企业总资产的使用效率。

（4）增长能力比率：增长能力比率用于评估企业的成长潜力和发展趋势。主要包括：

①营业收入增长率：本期营业收入与上期营业收入之差除以上期营业收入。

②净利润增长率：本期净利润与上期净利润之差除以上期净利润。

③总资产增长率：本期总资产与上期总资产之差除以上期总资产。

2.财务比率分析的应用方法

（1）单一比率分析：单一比率分析是对某一具体比率进行单独分析，以了解其代表的财务意义。例如，通过计算企业的净资产收益率，可以直观地了解股东权益的盈利能力。显然，单一比率分析往往只能揭示企业某一方面的财务状况，难以全面反映企业的整体情况。

（2）比率组合分析：比率组合分析是将多个相关比率结合起来进行分析，以更全面地评估企业的财务状况。例如，将盈利能力比率（如 ROE、ROA）与偿债能力比率（如资产负债率、利息保障倍数）相结合，可以评估企业在赚取利润的同时，是否具备足够的偿债能力。此外，还可以将运营效率比率与增长能力比率相结合，以评估企业的运营效率是否支持其持续增长。

（3）趋势分析：趋势分析是通过比较企业连续几个会计期间的财务比率，观察其变化趋势。通过趋势分析，可以了解企业财务状况和经营成果的改善或恶化情况，为预测未来发展趋势提供依据。在进行趋势分析时，需要注意剔除偶然因素和季节性因素的影响，以确保分析结果的准确性。

（4）行业比较：行业比较是将企业的财务比率与行业平均水平或竞争对手的财务比率进行比较的一种方法。通过行业比较，可以了解企业在行业中的相对地位和竞争优势。然而，在进行行业比较时，需要注意不同企业之间可能存在的会计政策差异和规模差异等因素的影响。

综上所述，通过量化比较财务报表中的数据关系，为管理者、投资者和债权人等利益相关者提供了深入洞察企业财务健康状况的窗口。通过合理应用财务比率分析方法，企业可以更加准确地把握自身的财务状况和经营成果，为制定科学合理的经营策略和财务决策提供有力支持。因此，在企业管理实践中应高度重视财务比率分析的应用和发展。

资金运作效率分析

在企业的日常运营中，资金如同血液般贯穿各个环节，其运作效率直接关系到企业的盈利能力，还涉及偿债能力、运营效率和投资回报等多个方面。

所谓资金运作效率，是企业在资金筹集、使用、回收和再投入等各个环节中，资金流转的速度与效益。高效的资金运作能够确保企业在满足日常运营需求的同时，拥有足够的流动资金以应对突发情况，同时提高投资回报率，促进企业的持续健康发展。资金运作效率的高低，直接关系到企业的市场竞争力和财务稳定性。那么，如何鉴别企业资金运作效率的高低呢？可以借鉴以下三类分析方法：

（1）财务比率分析。通过计算和分析一系列财务比率，如应收账款周转率、存货周转率、总资产周转率、现金流量比率等，评估企业资金运作的效率。这些比率能够反映企业资产的使用效率、现金流量的充裕程度以及偿债能力等关键财务信息。

（2）现金流分析。通过对企业经营活动、投资活动和筹资活动产生的现金流量进行深入分析，了解企业现金流入流出的具体情况，判断企业现金流量的健康程度，从而为企业资金运作提供决策依据。

（3）敏感性分析。用于评估不同因素变动对企业资金运作效率的影响程度（见图10-1）。通过模拟不同情境下的资金运作情况，可以预测和评估企业面临的各种风险和挑战，为制定应对策略提供参考。

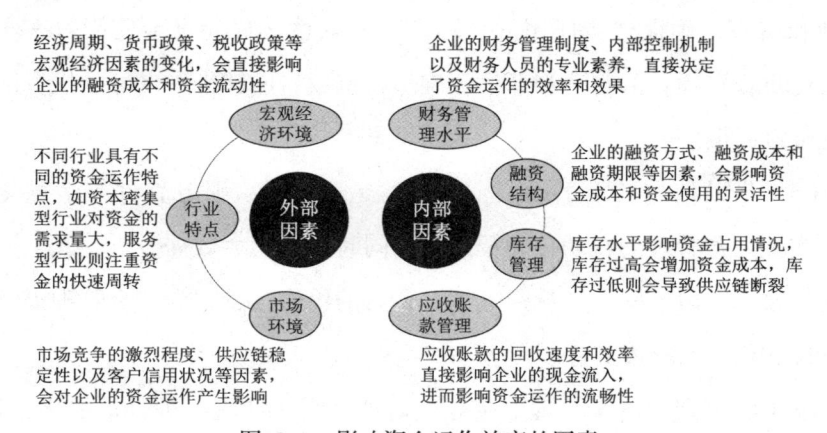

图10-1 影响资金运作效率的因素

资金运作效率分析关注企业资金的利用效率。通过分析企业资金周转速度、资金成本、资金来源等方面，就可以评估企业的资金运作水平，并找出改进空间，以提高资金利用效率。找到改进的空间并不是进行资金运作效率分析的重点，还应该进一步提升资金运作效率。具体策略如下。

（1）加强财务管理与内部控制。建立健全的财务管理制度和内部控制机制，是提高资金运作效率的基础。企业应明确财务管理职责，优化财务管理流程，加强财务监督与审计，确保财务信息的真实性和准确性，为资金运作提供有力支持。

（2）优化融资结构。企业应根据自身实际情况和市场需求，选择合适的融资方式和融资渠道，合理安排融资期限和融资成本。并且积极拓展多元化融资渠道，降低对单一融资方式的依赖风险。

（3）加强库存与应收账款管理。通过加强库存管理，合理控制库存水平，降低资金占用成本；同时，加强应收账款管理，提高应收账款的回收速度和效率，加快资金回笼速度。此外，还可以采用供应链金融等创新方式，优化库存和应收账款的管理流程。

（4）提高资金使用效率。通过实施全面预算管理、加强对资金使用的规划和监控，确保资金使用的合理性和有效性，提高资金使用效率。同时，注重投资项目的筛选和评估，确保投资项目能够带来良好的投资回报和现金流回报。

（5）借助信息技术手段。企业可以运用ERP、财务软件等信息化工具，实现财务管理的自动化和智能化。同时，利用大数据分析、人工智能等先进技术手段，深入挖掘财务数据背后的价值信息，为资金管理提供更加精准和科学的决策支持。

（6）实施现金流量管理。企业应对现金流入和流出进行精细化管理，加强对现金流量的监控与分析。通过编制现金流量预算，预测未来一段时间内的现金需求与供给情况，合理安排资金使用和筹措，确保企业现金流量的平衡和稳定。

（7）加强供应链金融管理。企业可以积极参与供应链金融，通过优化供应链管理，加强与供应商、客户之间的合作关系，实现供应链上下游企业的资金融通和协同发展。既可以降低企业的融资成本和资金占用成本，还可以提高供应链的整体运作效率。

（8）实施资金集中管理。通过建立资金集中管理平台，将分散在各子公司或业务部门的资金进行集中管理和调度，实现资金的统一配置和高效利用。同时，加强对各子公司或业务部门的资金监控和管理，确保企业资金的安全和稳定。

总而言之，资金运作效率的提升是一个系统而复杂的过程，需要企业从多个方面入手，采取综合性的措施。在这个过程中，企业应始终保持敏锐的市场洞察力和创新意识，不断探索和实践新的资金运作模式和方法，以适应不断变化的市场环境和竞争态势。

经济增加值分析

在现代企业管理中，经济增加值作为一种重要的业绩评价指标，被越来越多的企业采纳和应用。

经济增加值（Economic Value Added, EVA），又称经济利润，是企业税后净营业利润扣除全部投入资本成本（包括股权和债务成本）后的余额。反映了企业在扣除所有资本成本后，为股东创造的真正价值。EVA的核心在于认识到资本投入是有成本的，只有当企业的盈利高于其资本成本时，才能真正为股东创造价值。因此，EVA不仅衡量了企业的盈利能力，还深入考虑了资本成本的因素，揭示了企业真正为股东创造的价值。

EVA的计算公式为：EVA＝税后净营业利润－平均资本占用 × 加权平均资本成本。

其中，税后净营业利润衡量了企业的经营盈利情况；平均资本占用反映了企业持续投入的各种债务资本和股权资本；加权平均资本成本则反映了企业各种资本的平均成本率（见图10-2）。

具体来说，税后净营业利润的计算包括净利润加上利息支出、研究开发费用调整项等，按一定比例调整后的结果再乘（1－所得税税率）。而调整后资本则等于平均所有者权益加平均负债合计，再减去平均无息流动负债和平均在建工程等不产生利息成本的资产。

可口可乐公司自1987年引入EVA指标后，通过两个主要渠道成功提升了公司的经济附加值：一是将资本集中于盈利能力较高的软饮料部门，逐步放弃回报低于资本成本的业务；二是通过适度增加负债规模，以降低资本成本。这些措施使得可口可乐的EVA连续6年以平均每年27%的速度增长，公司股票价格也在同期上升了300%。

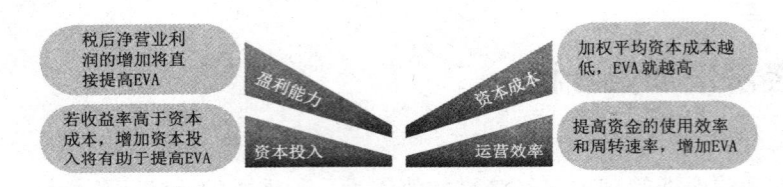

图10-2　经济增加值的影响因素

安然公司的破产虽然主要是由于会计丑闻导致的，但其经济增加值的持续下滑也暴露了其内部管理的问题。Stern Stewart财务顾问公司提供的数据显示，安然的经济增加值在破产前一直在下滑。反映出安然在资本配置和运营管理方面存在严重问题，最终导致其无法持续为股东创造价值。

美国邮政署作为国有企业，在面临长期亏损的情况下，通过引入EVA管理体系成功实现了扭亏为盈。邮政署通过大力推行EVA计划，将8万名经理和员工纳入EVA激励制度之中，不仅减少了新的亏损，还逐步消化了过去累积的亏损。与此同时，服务质量和邮件递送速度显著提升。

EVA可以帮助企业明确战略方向，将资源集中投放在能够创造更多经济价值的领域。在制定战略时，企业应考虑不同业务单元或项目的EVA潜力，优先发展那些EVA贡献大的业务。同时，EVA也可作为战略实施效果的评估工具，定期评估战略是否达到预期的经济增加值目标，从而及时调整战略方向。

在并购活动中，EVA能够提供更为准确的评估依据。传统并购决策往往关注被并购企业的财务报表数据，如收入、利润等，但忽略了资本成本因素。而EAV则能全面考虑并购后企业的资本结构和资本成本变化，评估并购活动对企业整体经济增加值的影响，从而帮助企业做出更为明智的并购决策。

可见，EAV在企业战略管理中有着巨大的使用价值，那么应该采取哪些正确的策略，让EVA的价值最大化呢？

（1）加强财务管理与内部控制。企业应建立健全财务管理制度和内部控制机制，确保财务信息的真实性和准确性，加强对资金流动的监控和管理，提高财务管理的精细化水平。

（2）优化资本结构。企业应综合考虑债务融资和股权融资的优缺点，根据自身的经营状况和市场环境选择合适的融资方式，优化资本结构以降低资本成本。

（3）提高运营效率。企业应加强资产管理、优化供应链管理、提高生产自动化水平等措施，以提高运营效率，并且通过内部控制和风险管理，确保企业运营的稳健性。

（4）强化绩效考核与激励机制。企业应该将EVA纳入绩效考核体系，并设定明确的EVA目标值与相应的考核标准和奖励政策，以激励员工为实现EVA目标而努力工作。

经济增加值作为衡量企业为股东创造真正价值的重要指标，不仅是对传统财务指标如净利润的补充和完善，更是企业战略管理和绩效评价的重要工具。通过深入分析EVA，企业管理者能够更准确地把握企业的盈利能力和价值创造能力，从而做出更加科学合理的决策。未来，企业应继续加强对 EVA 的研究和应用，不断优化 EVA 管理体系，以适应复杂多变的市场环境和企业发展需求。

市场增加值分析

企业市场价值的衡量不仅关乎股东利益，还直接影响企业的融资能力、市场地位及长远发展。市场增加值作为评估企业市场价值的重要指标，为企业管理者提供了一个深入了解自身市场表现和未来发展潜力的视角。

市场增加值（Market Value Added, MVA），是指企业股票市场价值与其投入资本（账面价值）之间的差额。简单来说，它反映了市场对企业未来盈利能力的预期超出其当前账面价值的部分。MVA 体现了资本市场对企业价值的认可程度，是企业市场价值与投入资本之间的"溢价"或"折价"。

市场增加值的计算公式为：MVA ＝股票市场价值－投入资本总额。

其中，股票市场价值可通过企业股票的当前市场价格乘总股本得出；投入资本总额则包括股东权益和债务（考虑到债务的市场价值可能与其账面价值存在差异，但为简化计算，通常使用账面值）。

值得注意的是，由于股票市场价格波动频繁，MVA 是一个动态变化的指标。因此，在进行市场增加值分析时，应关注其长期趋势而非短期波动（见图 10–3）。

MVA 直接反映了企业在资本市场上的价值认可度，有助于企业识别自身的优势和劣势，加之关注影响 MVA 的关键因素，企业可以制定更加科学合理的战略决策。而且，比较不同业务单元或项目的 MVA 贡献度，企业也可以更加合理地分配资源，优先发展那些能够创造更多市场价值的业务领域。再将 MVA 与薪酬、股权激励等激励机制相结合，可以促使管理层和员工更加关注企业长期价值的创造。为了通过分析市场增加值达到预期效果，必须采取足以提升市场增加值的策略。

盈利能力	盈利能力强的企业，未来现金流和盈利预期较高，从而吸引投资者以更高的价格购买其股票，推高市场价值，进而提升MVA
成长性	高成长性的企业往往具有较大的市场潜力和广阔的发展空间，投资者对其未来发展充满期待，愿意支付更高的溢价，从而增加MVA
风险管理能力	风险管理能力强的企业能够更好地应对市场变化和竞争挑战，保持稳定的经营业绩和盈利能力，进而提升MVA
行业前景	处于朝阳产业或具有高增长潜力的行业中的企业，往往能够获得市场的青睐，享受较高的估值溢价
治理结构管理水平	良好的治理结构和高效的管理水平能够提升企业的运营效率和市场竞争力，增强投资者信心，推动市场价值上升，增加MVA

图10-3 市场增加值的影响因素

首先是加强盈利能力建设。企业应通过优化产品结构、提高生产效率、降低成本费用等措施，不断提升盈利能力，为 MVA 的增长提供坚实的支撑。

其次是聚焦成长性业务。企业应积极寻找和培育具有高成长潜力的业务领域，加大研发投入和市场开拓力度，推动业务快速发展，为 MVA 的增长注入新动力。

再次是完善风险管理机制。企业应建立健全风险管理机制，加强对市场、信用、操作等风险的监控和管理，降低不确定性对企业价值的影响，提升 MVA 的稳定性。

复次是关注行业前景。通过深入分析行业发展趋势、市场需求变化等因素，企业可以制定更加符合市场需求的战略规划和产品策略，从而提升市场价值和 MVA。

最后是强化治理结构与管理水平。企业应完善公司治理结构，提高决策效率和质量；加强内部管理，提升运营效率和市场竞争力，为 MVA 的持续增长提供有力支撑。

市场增加值分析是评估企业市场价值的重要工具，但市场增加值分析在实践中面临一些挑战，如不采用正确的应对策略，不仅难以达到预期效果，甚至可能带来反效果。因此，要对市场增加值分析的实践挑战与应对策略进行详细阐述。

挑战一，数据获取与准确性：市场增加值分析依赖于准确的市场数据和企业财务数据。然而，在实际操作中，这些数据往往存在获取难度高、时效性差或准确性不足的问题。例如，股票市场价格波动频繁，且受到多种外部因素的影响；而企业财务数据则可能因会计政策、审计质量等因素而产生偏差。

策略一，强化数据收集与处理能力：企业应建立完善的数据收集系统，提高数据获取的及时性和准确性。并且加强数据处理能力，运用先进的数据分析技术，如大数据、人工智能等，提高数据分析的精度和效率。

挑战二，主观性与偏差：市场增加值分析中的某些环节，如成长性评估、行业前景预测等，往往涉及主观判断，容易受到分析师个人经验、知识背景等因素的影响，导致分析结果存在偏差。

策略二，建立多元化评估体系：为减少主观性对分析结果的影响，企业应建立多元化的评估体系，综合考虑多种评估方法和指标，如相对估值法、绝对估值法、同行业比较等，形成更加全面、客观的评估结果。

挑战三，市场情绪的影响：市场情绪和投资者心理也是影响市场增加值的重要因素。在极端市场情绪下，企业市场价值可能严重偏离其内在价值，使得市场增加值分析失去参考价值。

策略三，关注市场情绪变化：企业应密切关注市场情绪变化，加强与投资者的沟通交流，了解投资者的心理预期和风险偏好，及时调整企业战略和市场策略，以应对市场情绪波动对企业市场价值的影响。

通过深入分析市场增加值的影响因素、提升策略等方面内容，可以更加清晰地认识到市场增加值在企业管理中的重要性和作用。同时，也应关注市场增加值分析中存在的实践挑战和应对策略，以便更好地运用市场增加值分析工具指导企业的管理和决策实践。未来，随着市场环境的不断变化和企业管理的不断创新发展，市场增加值分析将会发挥更加重要的作用和价值。

第十一章　依托税务筹划增强资本弹性

企业并购重组中的税收筹划

企业并购重组过程中涉及的税务问题复杂且关键，合理的税收筹划不仅能有效降低企业税负，还能优化资源配置，提升并购重组的效益。

在税法允许的范围内，并购双方通过科学、合理的规划和安排，以减轻企业税负、降低并购成本、实现企业整体价值最大化为目标的一系列活动，就是企业并购重组的税收筹划。税收筹划不仅涉及并购前的目标选择、出资方式、融资方式等，还涵盖并购后的税务处理、资产整合等多个环节。

并购重组的税收筹划不是一种想当然的行为，而是要符合并购重组行为涉及企业所在国家的相关法律法规政策，并结合并购重组行为中双方企业的具体情况而定。

首先，税法政策是企业并购重组税收筹划的基础。仅以并购重组行为中双方企业均来自中国为例，近年来，我国税法政策不断完善，对企业并购重组的税收筹划产生了深远影响。这些政策明确了企业并购重组的税务处理方式，包括一般性税务处理和特殊性税务处理，为企业提供了税收筹划的空间。

其次，企业并购的动机和方式直接影响税收筹划的策略。例如，以扩大市场份额为目的的横向并购和以产业链整合为目的的纵向并购，其税收筹划的重点和策略会有所不同。同时，不同的出资方式（如现金收购、股票收购、综合证券收购）和融资方式（如债务融资、股权融资）也会对税收筹划产生影响。

最后，并购双方的财务状况和税务状况是税收筹划的重要考虑因素。财务状况良好的企业可能更倾向于采用股权支付方式，以减少现金流出；而税务状况复杂的企业则需要在税收筹划中更加注重合规性和风险防控。

企业并购重组的税收筹划策略，需要对并购前、并购中、并购后三个阶段，分别进行税收筹划。每个阶段的税务工作重点皆有不同，下面进行详细介绍。

并购前税收筹划的关键点之一：目标企业选择。

在选择并购目标时，企业应充分考虑税收因素。例如，选择具有税收优惠政策的企业作为并购对象，可以通过并购将企业利润转移到低税地区，从而降低整体税收负担。此外，选择亏损企业作为并购对象，可以利用其账面亏损冲抵盈利企业的应纳税所得额，实现盈亏互抵，减少纳税。

并购前税收筹划的关键点之二：出资方式选择。

不同的出资方式对应不同的税收处理方法。现金收购方式下，目标企业股东需就转让股权所得缴纳所得税，增加了收购成本。股票收购和综合证券收购方式下，目标企业股东无须立即缴纳所得税，且可以保留对原企业的所有者权益，有利于降低收购难度和成本。

并购中税收筹划的关键点之一：融资方式选择。

在并购融资过程中，企业应合理选择融资方式以降低税负。债务融资方式下，借款利息可以在税前列支，降低融资成本。股权融资方式下，虽然不需要偿还本金，但会稀释股东权益且支付的股利不允许在税前扣除。

因此，企业应根据自身实际情况和并购需求选择合适的融资方式。

并购中税收筹划的关键点之二：税务处理选择。

企业并购重组中的税务处理分一般性税务处理和特殊性税务处理。在满足特定条件的情况下，企业可以选择特殊性税务处理以享受税收优惠。例如，在股权收购中，如果收购企业支付的股权比例不低于被收购企业全部股权的50%，且符合其他条件，则可以按特殊性税务处理规定暂不确认有关资产的转让所得或损失。

并购后税收筹划的关键点之一：资产整合与税务处理。

并购完成后，企业需要对资产进行整合以优化资源配置。在资产整合过程中，企业应关注税务处理问题，确保合规性并降低税负。例如，对于非货币性资产投资行为，企业可以根据税法相关规定在不超过5年期限内分期均匀计入应纳税所得额；对于资产划转行为，如果符合特殊性税务处理条件，则可以暂不确认有关资产的转让所得或损失。

并购后税收筹划的关键点之二：税务风险防控。

并购重组过程中涉及的税务问题复杂多变，企业应加强税务风险防控意识。通过建立健全税务管理制度、加强税务培训、及时关注税法政策变化等措施，确保企业并购重组过程中的税务处理、合规性并降低税务风险。

广西建工集团是省级直属国有大型企业，旗下拥有多家子公司。为进一步优化资源配置和提升竞争力，集团计划对旗下子公司进行并购重组。其中，广西建工金控投资有限公司（以下简称"金控公司"）计划整体并入南宁市大都小额贷款有限公司（以下简称"小贷公司"），小贷公司原为广西建工集团第一建筑工程有限责任公司（以下简称"一建公司"）的全资子公司。

税收筹划方案一：无偿划转。

在该方案下，一建公司与金控公司就小贷公司的股权划转签署股权划转协议。由于无偿划转本身并不具有免税属性且存在合规性问题，因此，若直接采用无偿划转方式，可能会面临较高的税负和税务风险。然而，如果符合特殊性税务处理的条件（如划转后连续12个月内不改变被划转股权的实质性经营活动、划转双方具有合理的商业目的等），则有可能享受暂不确认股权转让所得的税收优惠。但这一方案需要严格遵循税法规定，并准备充分的证明材料以应对税务审查。

税收筹划方案二：股权置换。

考虑到税负优化和合规性，广西建工集团最终选择了股权置换作为并购重组的主要方式。具体操作为：金控公司以其持有的部分股权（或新发行的股份）与一建公司持有的小贷公司股权进行置换。这种方式下，双方均不涉及现金交易，减少了资金流动压力，同时可以通过合理的股权结构设计，实现税负的最小化。

在整个并购重组过程中，广西建工集团高度重视税收筹划的合规性与关键点，确保所有操作均符合税法规定，避免了潜在的税务风险（见图11-1）。

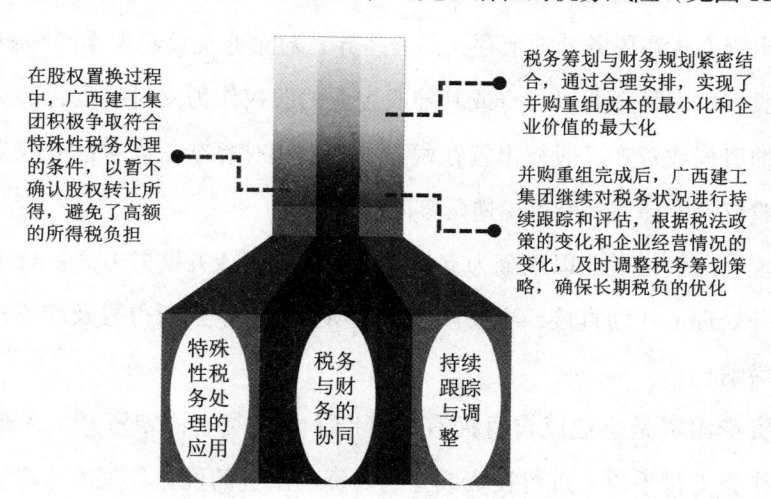

图11-1 以广西建工集团为例阐述税收筹划关键点

通过精心的税收筹划，广西建工集团成功完成了对小贷公司的并购重组，在优化资源配置，提升企业竞争力的同时，有效降低了税负成本。从该企业并购重组案例可以看出，税收筹划必须贯穿并购重组的全过程，从目标选择、出资方式、融资方式到并购后的资产整合和税务处理，都需要进行科学合理的规划和安排。

选择出资方式的税收筹划

在企业并购重组及日常融资活动中，选择合适的出资方式对于企业的税务负担和整体财务状况具有重要影响。通过科学合理的出资方式选择，企业可以在合法合规的前提下，降低税负成本，实现企业价值最大化。本节将从企业并购重组中的出资方式入手，结合最新的税收法律法规，分析不同出资方式的税务影响及筹划策略。

出资方式主要分为股权出资、现金出资、资产出资以及债务出资等。不同出资方式在税务处理上存在显著差异，对企业税负产生不同影响。

股权出资是企业以自身或其控股企业的股权作为支付手段，购买其他企业的股权或资产。股权出资在税务处理上相对复杂，需考虑股权支付比例、股权价值评估及所得税递延等问题。

现金出资是企业以现金为支付手段进行投资或并购的方式。现金出资在税务处理上较为直接，主要涉及企业所得税、个人所得税及增值税等税种的缴纳。

资产出资是企业以自身拥有的资产（如存货、固定资产、无形资产等）作为支付手段，进行投资或并购。资产出资的税务处理需考虑资产的评估价值、折旧及摊销等因素。

债务出资是企业通过承担被并购企业的债务来实现出资目的。债务出资在税务处理上需考虑债务重组的税务影响及潜在的风险因素。

1. 适用特殊性税务处理政策

根据《关于企业重组业务企业所得税处理若干问题的通知》(财税〔2009〕59号）及后续相关政策，企业重组在符合一定条件下可享受特殊性税务处理，即暂时不缴纳企业所得税。这些条件包括具有合理的商业目的、重组资产或股权比例符合要求、重组后连续12个月内不改变实质性经营活动等。

假设A公司计划收购B公司的全部股权，双方达成协议，A公司以自身股权支付对价，占交易总额的85%以上。根据《关于企业重组业务企业所得税处理若干问题的通知》中的规定，该交易符合特殊性税务处理条件，因此A公司可暂不缴纳企业所得税，直至未来股权转让时再行缴纳。这种策略有效降低了A公司当前的税务负担，提高了并购的可行性。

2. 合理选择出资方式以降低税负

不同出资方式在税务处理上的差异为企业提供了筹划空间。企业应根据自身实际情况和税收政策，合理选择出资方式，以降低税负成本。

某制造业企业C通过并购扩大生产规模。在出资方式选择上，C企业面临股权出资和现金出资两种方案。经过分析发现，股权出资虽然可能涉及复杂的税务处理，但可通过特殊性税务处理政策实现递延纳税；而现金出资则需立即缴纳企业所得税和个人所得税等。考虑到未来经营计划和资金压力，C企业最终选择股权出资方式，有效降低了当前税负成本。

3. 充分利用税收优惠政策

国家和地方政府为鼓励企业并购重组和投资活动，出台了一系列税收优惠政策。企业应密切关注政策动态，充分利用税收优惠政策降低税负成本。

为促进中西部地区经济发展，国家及地方政府出台了多项税收优惠政策。某高新技术企业 D 计划在中西部地区设立子公司进行业务扩展。在出资方式选择上，D 企业充分利用了当地的税收优惠政策，采取现金出资方式设立子公司，并享受了地方政府提供的财政补贴和税收减免等优惠政策。

4.综合考虑税收筹划的法律风险

税收筹划虽然能为企业带来税负成本的降低和经济效益的提升，但也存在一定的法律风险。企业在进行税务筹划时，应充分考虑法律风险的防范和控制。

某房地产企业 E 在并购过程中采用了"过桥资金"策略，以提高被转让股权的"原值"，从而降低税负成本。然而，该策略在实际操作中存在被认定为抽逃资金的风险。为避免法律纠纷和税务风险，E 企业聘请了专业律师和税务顾问进行风险评估和方案设计，确保整个筹划过程合法合规。最终，E 企业成功完成了并购并降低了税负成本。

由以上阐述可知，企业在制定出资方式决策时应充分考虑税务筹划因素，密切关注税法政策变化，与财务、法务团队紧密合作，再结合自身实际情况和战略目标，制订科学合理的税收筹划方案。通过综合运用多种筹划手段和方法，企业可以在合法合规的前提下，实现税负成本的有效降低和经济效益的显著提升。

选择融资方式的税收筹划

融资方式不仅影响企业的资本结构，还直接关系到企业的税负水平和整体经济效益。因此，如何通过合理的税收筹划选择最优的融资方式，成为企业管理层必须面对的重要课题。

企业融资方式主要分为内部融资、债务融资和权益融资三大类。每种融资方式在资金来源、融资成本、税务处理等方面各具特点，对企业税负产生不同影响。

内部融资是企业利用自身积累的资金进行投资或运营活动。内部融资的优势在于无须支付额外的融资成本，且不会增加企业的债务负担。然而，内部融资可能受到企业盈利能力和现金流量的限制，难以满足大规模融资需求。

债务融资是企业通过向银行、非银行金融机构或其他企业借款来筹集资金。债务融资的优势在于融资成本相对较低，且可以利用财务杠杆效应提高企业收益。同时，债务融资的利息支出可以在企业所得税前扣除，从而降低企业的税负水平。然而，债务融资也会增加企业的财务风险和偿债压力。

权益融资是企业通过发行股票、吸收直接投资等方式筹集资金。权益融资的优势在于无须还本付息，可以降低企业的财务风险。然而，权益融资会稀释原股东的股权比例，影响企业的控制权。同时，股息和红利等权益性支出不能在企业所得税前扣除，从而增加企业的税负水平。

具体的税收筹划策略，要通过企业的债务比例、税收政策和资本结构三个方面综合进行，少了任何一个方面，融资税收筹划都会产生缺陷。

1. 确定合理的债务比例

在确定融资方式时，企业应充分考虑债务融资的节税效应。通过合理的债务比例设置，企业可以在保证资金需求的同时，利用债务利息的税前扣除优势降低税负水平。具体来说，企业可以根据自身的盈利状况、行业特点以及税收政策等因素，确定一个合适的债务比例范围，以实现税负最小化和股东收益最大化的双重目标。

某制造企业计划扩大生产规模，需要筹集资金1亿元。经过市场调研和财务分析，该企业决定采用债务融资和权益融资相结合的方式筹集资金。其中，债务融资占比60%，即6000万元；权益融资占比40%，即4000万元。通过债务融资，企业每年可以利用利息支出在税前扣除的优势降低税负约500万元；同时，通过权益融资，企业保持了相对稳定的股权结构和较低的财务风险。

2. 利用税收优惠政策

国家为了鼓励企业发展和创新，出台了一系列税收优惠政策。企业在选择融资方式时，应充分利用这些优惠政策降低税负水平。例如，对于符合条件的小微企业和高新技术企业，国家给予了所得税减免或税率优惠等政策支持。因此，企业在选择融资方式时，可以优先考虑这些符合税收优惠政策条件的融资方式以降低税负水平。

某高新技术企业计划通过发行可转换债券筹集资金。由于可转换债券具有债权和股权的双重属性，且符合国家对高新技术企业的税收优惠政策条件，因此企业选择发行可转换债券作为融资方式。通过发行可转换债券，企业不仅筹集到了所需资金，还享受了国家给予的所得税减免政策优惠，进一步降低了税负水平。

3. 合理安排资本结构

资本结构是企业长期债务与股东权益的比例关系。不同的资本结构对企业的税负水平和财务风险产生不同的影响。因此，企业在选择融资方式时，应合理安排资本结构以降低税负水平和财务风险。具体来说，企业可以根据自身的盈利状况、成长阶段以及市场环境等因素制定合适的资本结构政策以实现税负最小化和财务风险可控的双重目标。

某初创企业计划通过股权融资和债务融资相结合的方式筹集资金，用于产品研发和市场拓展。由于初创企业处于成长初期且盈利能力较弱，因此企业决定采用较低的债务比率以降低财务风险,并避免高额的利息支出负担;同时,增加股权融资比率以吸引更多的投资者和资金支持企业发展。通过合理安排资本结构政策,企业在保证资金需求的同时降低了税负水平和财务风险。

通过合理的税收筹划策略选择合适的融资方式,不仅可以满足企业的资金需求并降低税负水平,还可以提高企业的经济效益和竞争力。然而,需要注意的是,税收筹划必须遵守国家法律法规和税收政策规定,以避免违法行为和不必要的税收成本支出。同时,企业还应加强内部管理和财务控制,建立健全财务制度和税务管理制度,确保税收筹划的合法合规性和有效性。此外,企业还应积极关注市场动态和政策变化,及时调整融资策略,以适应不同发展阶段的需求。

企业分立中的税收筹划

企业分立是企业战略调整、业务优化和资源配置的重要手段。通过分立,企业可以更加灵活地应对市场变化,提高管理效率,增强市场竞争力。但是,企业分立过程中涉及的税务问题复杂多样,若处理不当,可能给企业带来沉重的税务负担和法律风险。

企业分立的方式多种多样,包括资产分立、业务分立、股权分立等。不同的分立方式涉及的税种和税率不同,因此,在选择分立方式时,需要充分考虑税收因素,选择税负较低的分立方式。例如,如果企业的主要资产为不动产和土地使用权,可以考虑通过资产分立的方式,将不动产和土地使用权转移到分立后的企业,以享受土地增值税的免征政策。

企业分立后,原企业的资产会被分配到新的企业实体中,涉及资产评估的问题。资产评估价值的高低直接影响企业的税收负担。因此，企业需要合理确定资产评估价值，以降低税收风险。一般来说，资产评估应遵循市场价值原则，确保评估结果的客观性和公正性。同时，企业还应关注评估过程中的税收影响，避免因评估价值过高而增加税收负担。

企业分立后，新的企业实体需要独立进行业务运营，涉及营业税、增值税等税种的问题。企业需要根据自身的业务特点和税法规定，合理安排业务运营，以降低税收负担。例如，对于从事混合销售行为的企业，可以通过分立成立专门负责安装、维修等业务的子公司，将增值税应税项目与营业税应税项目分开核算，从而避免重复征税。

政府为了鼓励企业分立，通常会出台一些税收优惠政策。企业在进行分立税收筹划时，应充分了解和利用这些优惠政策，以降低税收成本。例如，对于符合特定条件的企业分立，可以享受企业所得税的特殊性税务处理政策，暂不确认资产转让所得或损失；对于分立后新设立的企业，可以享受增值税的即征即退政策等。

某市电梯生产企业A公司，主要生产销售电梯并负责安装、保养和维修。公司发展势头良好，业务规模不断扩大，A公司便决定将其安装、保养和维修业务分离出去，成立一个独立的子公司B公司。通过分立，A公司可以专注于电梯的生产和销售，而B公司则专注于电梯的安装、保养和维修，这不仅提高了企业的整体运营效率，还降低了税负负担。

A公司选择采用业务分立的方式成立独立的子公司B公司，能够清晰地划分业务界限，便于管理和核算。A公司遵循市场价值原则对拟分立出去的资产进行了详细的评估，并与B公司协商确定了合理的转让价格。

分立后，A公司可以更加专注于电梯的生产和销售业务，集中资源进行产品研发和市场拓展，提升核心竞争力。而B公司则凭借专业的安装、保养和维修服务，迅速占领市场，与A公司形成协同效应。为了共同提升市场份额和品牌影响力，双方签订了明确的业务合作协议，明确了各自的业务范围和责任。

A公司通过分立，避免了因业务重组而可能产生的重大税负。同时，业务清晰划分后，A公司和B公司可以更加精确地按照各自业务的性质计算税额，避免了混合销售行为中的重复征税问题，降低了增值税和企业所得税的综合税负。

税收筹划促使A公司和B公司在分立前后对资产、业务进行了详细的梳理和评估，加强了财务管理的精细化和规范化。

分立之后，A公司和B公司都可以根据自身业务特点和市场需求，合理配置资源，提高资源利用效率。例如，A公司可以投入更多资源用于新产品的研发和升级，提高产品质量和技术含量；B公司则可以根据市场需求灵活调整服务人员数量和技能培训计划，降低人力成本。

企业分立中的税收筹划是一项复杂而重要的工作，需要企业在遵循国家法律法规的前提下，充分利用税收优惠政策，合理安排分立方式和业务运营，以实现税收负担的最小化和经济效益的最大化。

以上通过理论阐述和案例分析相结合的方式，深入探讨了企业分立中的税收筹划问题，为企业在实践中提供了一定的参考和借鉴。希望更多企业能够重视税收筹划工作，提高财务管理水平，促进企业持续健康发展。

股权转让中的税务筹划

股权转让作为企业重组、资本运作的重要方式之一，在促进资源优化配置、实现股东利益最大化方面发挥着重要作用。

在股权转让中，税务筹划涉及企业所得税、个人所得税、增值税、印花税等多个税种，需要综合考虑各种因素，制订最优的筹划方案。如果处理不当，不仅会增加企业的税收负担，还可能引发税务风险。因此，合理进行股权转让中的税务筹划，必须做到以下几项原则（见图11-2）。

合法性原则：税务筹划必须严格遵守国家税收法律法规，确保所有筹划行为都在法律允许的范围内进行

经济性原则：税务筹划应追求经济效益最大化，即在合法的前提下，通过合理的安排和规划，尽可能降低企业的税收负担

前瞻性原则：税务筹划应具有前瞻性，在企业进行股权转让等重大决策前，充分考虑税务因素，制订有效的筹划方案

整体性原则：税务筹划应从企业整体利益出发，综合考虑不同税种、不同业务环节之间的相互影响，寻求整体税负的优化

图11-2 股权转让中税务筹划原则

股权转让中的税务筹划方法，需要通过以下四种情况进行决策：

（1）利用特殊性税务处理实现递延纳税。在满足特定条件的情况下，企业股东可以利用特殊性税务处理规定，实现股权转让的递延纳税。例如，根据《关于促进企业重组有关企业所得税处理问题的通知》（财税〔2014〕109号）文件规定，100%直接控制的居民企业之间或受同一或相同多家居民企业100%直接控制的居民企业之间，按账面净值划转股权或资产，且符合特定条件的，可以选择特殊性税务处理，暂不缴纳企业所得税。

（2）合理确定股权转让价格。企业应根据实际情况，合理确定股权转让价格，避免价格过高或过低导致的税务风险。同时，可以利用资产评估等手段，确保股权转让价格的合理性和公正性。

（3）灵活运用税收政策。政府为了鼓励企业重组和资本运作，通常会出台一系列税收优惠政策。企业在进行股权转让时，应充分了解并灵活运用这些政策，以降低税负。例如，利用区域性税收优惠政策，将持股平台

注册至具有税收优惠政策的地区，实现股权转让的税务筹划。

（4）合理安排股权架构。例如，通过设立中间持股平台或子公司，实现间接持股的股东在股权转让时享受更优惠的税收政策。同时，还可以通过股权架构设计，规避潜在的税务风险。

A公司是一家高新技术企业，持有B公司60%的股权。随着B公司业务的不断发展，A公司决定将其持有的B公司股权转让给自然人C。截至股权转让前，B公司的未分配利润为5000万元，盈余公积为5000万元，A公司的初始投资成本为6000万元。A公司与C协商确定股权转让价格为1.3亿元。

方案1：直接转让股权

若A公司直接将其持有的B公司股权以1.3亿元的价格转让给C，则A公司需缴纳的企业所得税为（13000－6000）×25%＝1750万元。此方案下，A公司无法利用B公司的未分配利润和盈余公积进行税务筹划。

方案2：先分红后转让

首先进行分红操作：A公司先从B公司分红，根据持股比例分得未分配利润3000万元（5000×60%）。分红后，A公司的股权转让收入降至1亿元。

然后进行盈余公积转增资本：B公司将2500万元盈余公积转增资本，转股后B公司的注册资本增加至1.25亿元。A公司的投资成本相应增加至7500万元（6000＋2500×60%）。

最后进行股权转让：A公司以1亿元的价格将股权转让给C，股权转让所得为2500万元（10000－7500），需缴纳的企业所得税为2500×25%=625万元。

方案3：减资与增资

先进行减资操作：A公司与B公司达成协议，从B公司撤资60%，获得 1.3 亿元的补偿。其中，6000 万元视为投资成本的收回，无须缴纳企业所得税；6000 万元视为股息所得，同样无须缴纳企业所得税；剩余 1000 万元确认为股权转让所得，需缴纳企业所得税为 250 万元（1000×25%）。

再进行增资操作：C 随后以 1.3 亿元的价格向 B 公司增资，获取 B 公司 60% 的股权。这一步骤中，C 作为个人投资者，其增资行为在个人所得税层面通常不涉及即时税负，但未来若 C 转让这些股权，则需根据个人所得税法相关规定纳税。

方案对比与选择

方案 1（直接转让股权）：税负最高，A 公司需缴纳 1750 万元的企业所得税，没有充分利用 B 公司的未分配利润和盈余公积进行税务筹划。

方案 2（先分红后转让）：通过分红和盈余公积转增资本的方式，有效降低了 A 公司的股权转让所得，从而减少了企业所得税负担。相比方案 1，方案 2 的企业所得税负担减少了 1125 万元（1750 元 –625 元）。

方案 3（减资与增资）：此方案在税负上介于方案 1 和方案 2 之间，但具有更强的灵活性。A 公司通过减资获得补偿，部分资金作为投资成本的收回和股息所得，免除了企业所得税；剩余部分作为股权转让所得，税负相对较低。同时，C 以增资方式获取股权，为未来可能的股权再转让提供了更清晰的税务处理路径。

对于 A 公司而言，方案 2 在降低赋税方面效果最为显著，是较为理想的选择；但企业在实施具体筹划方案时，还需综合考虑企业实际情况、市场环境、税务风险等因素，确保筹划方案的可行性和有效性。此外，建议企业在筹划过程中加强与税务机关的沟通与协调，确保筹划方案的顺利实施。

通过合理的税务筹划，A 公司成功降低了股权转让过程中的税负，提高了税后收益。方案 2 和方案 3 均在一定程度上改善了 A 公司的资金流动性，通过分红或减资获得了大量现金流入。

在股权转让中，税务筹划是降低税负、提高税后收益的重要手段。企业应根据实际情况，综合运用各种税务筹划方法，制订最优的筹划方案。

国际资本运作中的税务筹划

在全球经济一体化的背景下，国际资本运作日益频繁，成为企业实现跨国发展、优化资源配置的重要手段。但是，一个现实问题是，国际资本运作涉及的税务问题更加复杂，不同国家和地区的税收法规、税收政策差异显著，给企业的税务筹划带来了巨大挑战。

国际资本运作中的税务筹划是企业在跨国经营、投资、融资等经济活动中，通过合理合法的税务安排，利用不同国家和地区的税收优惠政策、双重征税协定等，最大限度地降低税务成本，提高经济效益的筹划活动。国际资本运作中的税务筹划策略如下：

（1）选址筹划。企业在选择投资地点时，应充分考虑各国的税收制度、税率、税收优惠政策等因素。例如，一些国家和地区为了吸引外资，会提供税收减免、低税率等优惠政策。企业可以通过在这些地区设立子公司或分支机构，享受税收优惠，降低税负。

（2）资本结构优化。通过调整企业的资本结构，如债务与股权的比例，可以影响企业的税务负担。在某些情况下，适当增加债务比例可以降低企业的所得税负担，因为债务利息可以在税前扣除。但需综合考虑企业的财务状况、风险承受能力等因素。

（3）双重征税协定的利用。国际普遍签订有双重征税协定，以避免对同一笔所得重复征税。企业可以通过合理利用双重征税协定，减少跨境所得的税负。例如，在股息、利息、特许权使用费等跨境所得方面，可以利用协定中的低税率或免税条款来降低税负。

（4）转让定价筹划。转让定价是跨国企业内部交易中的定价行为。企业可以通过合理设置内部交易价格，将利润从高税率地区转移到低税率地区，从而降低整体税负。但需要注意的是，转让定价必须遵循公平交易原则，否则可能引发税务机关的调整和处罚。

（5）境外避税地利用。一些国家和地区被称为"避税天堂"，其税收制度宽松、税率极低或存在大量税收优惠政策。企业可以通过在这些地区设立子公司或信托基金等方式，将部分所得转移到避税地，以降低税负。然而，随着国际税收合作的加强，避税地的利用空间正在逐渐缩小。

了解和遵守不同国家和地区的税收法规，熟悉并利用各国税收政策，企业既能合法减少税务支出，也能更好地适应国际市场环境，抓住发展机遇，还能避免因税务问题导致的法律纠纷和处罚。

某科技企业在全球范围内拥有多个研发中心和销售网络。为了降低税负并优化资源配置，该公司采取了以下税务筹划策略：

（1）选址筹划：将研发中心设立在科研资源丰富、税收政策较为优惠的国家和地区。例如，在美国硅谷设立研发中心，吸引顶尖科研人才；在新加坡设立研发中心分部，利用当地的低税率和税收优惠政策。

（2）研发费用加计扣除：利用各国对研发费用加计扣除的优惠政策，增加研发投入并降低所得税负担。同时，建立严格的研发费用核算和管理制度，确保研发费用符合加计扣除的条件。

（3）知识产权转让筹划：通过合理的知识产权转让安排，将专利、商标等知识产权的转让所得转移到低税率地区。例如，将知识产权转让给位于避税地的子公司或信托基金等。

该企业不仅在选址和研发费用利用上进行了细致的筹划，还在全球供应链管理和融资结构上做了进一步优化,以实现更全面的税务节省和资源配置效率提升。

考虑到各国间的税率差异、贸易壁垒以及供应链效率,该企业对其全球供应链进行了重新评估和规划。通过将部分生产环节转移到低成本、低税率或享受自由贸易协定优惠的国家,如墨西哥、东南亚、东欧等地,不仅降低了生产成本,还通过合理的税收筹划减少了跨境交易的税负。同时,加强了全球物流网络和库存管理,以确保供应链的顺畅运行和成本控制。

在国际资本运作中,面对不同国家的税收法规和执法实践,该企业特别注重跨国税务争议的预防和管理。建立了专业的税务合规团队,定期审查和更新全球各地的实物政策变化,确保公司的业务操作符合当地的税务法规。同时,该企业还与多国税务机关建立了良好的沟通机制,以便在发生税务争议时能够及时沟通、协调解决,减少税务风险和不必要的法律纠纷。

通过上述一系列税务筹划策略的实施,该科技企业不仅成功地降低了全球税负,提高了经济效益,还优化了资源配置,增强了市场竞争力。

有一点必须谨记,在追求税务节省的同时,企业也必须保持高度的合规意识,确保所有筹划活动都符合各国的税收法规和政策要求,保证自己在国际竞争中保持稳健的发展态势。

国际税务筹划并非一劳永逸的任务,而是需要随着市场环境和税收政策的变化而不断调整和优化。因此,企业必须持续关注国际税收动态,加强税务团队建设,以确保在未来继续保持税务筹划的有效性和合规性。

第十二章　运用法律实务提升企业效率

在法律框架下达到合规要求

资本运作的每一步都需谨慎行事，确保其在法律框架内合规进行，以规避潜在的法律风险和市场不确定性。

企业资本运作涉及众多的法律法规，如《中华人民共和国公司法》《中华人民共和国证券法》《中华人民共和国贸易法》《中华人民共和国企业所得税法》《中华人民共和国个人所得税法》《中华人民共和国营业税暂行条例》《中华人民共和国税收征收管理法》等。合规运作能够确保企业在法律允许的范围内进行资本运作，避免因违反法律法规而遭受行政处罚、经济损失甚至法律诉讼等风险。

合规的资本运作能够确保企业资源的合理配置和有效利用，提高资本运作的效率和效果。而且，合规运作不仅是法律要求，也是企业信誉和社会责任的体现。遵守法律法规的企业更容易获得投资者、客户和合作伙伴的信任，从而在市场竞争中占据有利地位。

通过规避法律风险，企业能够更加专注于核心业务的发展，实现稳健可持续的增长。企业资本运作的合规要点有哪些呢？

（1）信息披露的合规性。企业应按照相关法律法规的要求，及时、准确、完整地披露财务状况、重大经营活动、股权变动等信息，避免虚假披露或隐瞒重要事实，以免误导投资者和市场。

（2）内部控制的合规性。企业应建立完善的内部控制制度，明确岗位职责和权限，规范资本运作流程，确保资金流向的透明、合规。同时，企业应加强内部审计和风险管理，及时发现并纠正违规行为。

（3）合法合规的资金运作。企业在资本运作过程中，应确保资金来源和去向的合法合规。企业应依法办理各类资金交易手续，避免非法集资、洗钱等违法行为。企业在运用金融工具进行投资时，应遵守相关法律法规和监管要求，确保资金运作的合法性和安全性。

（4）跨境资本运作的合规性。在跨境资本运作中，企业应密切关注国际法律法规和监管政策的变化，注意避免违反国际制裁、反洗钱等法律法规，确保企业在全球范围内跨境资本运作的合规性。

中国江苏国际经济技术合作集团有限公司（以下简称"中江国际"）是全国最早的一批综合性国营外经企业，业务涵盖国内工程、国际贸易和城镇投资等多个领域。随着业务的不断拓展和国际化程度的加深，中江国际在资本运作过程中面临诸多合规挑战，在危机步步进逼之际，公司凭借科学化、制度化、标准化的合规管理体系，成功实现了资本运作的合规性。

中江国际从完善组织结构入手，健全管理机制，构建了上下全覆盖的合规管理组织体系。公司总部设立合规委员会和合规联络员，分支机构设置合规管理部门和合规专员。董事会下设风险与合规管理委员会，建立合规联席会议机制，确保合规管理工作的高效运行。

中江国际在实践中形成了由基本合规管理制度、专项合规管理制度、合规管理办法和合规管理流程四个部分组成的合规管理制度体系。为有效考核合规工作，公司印发《合规管理履职评价实施办法》，在所属二级企业领导班子和领导人员考核工作中，全面实施法律合规考核与评价。

此外，中江国际注重培育合规文化，将诚信合规理念融入企业文化之中。公司通过内部宣传、培训等方式，提高员工的合规意识和风险意识，营造"人人讲合规、事事守规矩"的文化氛围。同时，公司将合规表现纳入绩效考核体系，激励员工积极参与合规管理工作。

在资本运作过程中，中江国际始终遵循法律法规的要求，确保各项操作的合规性。以海外业务为例，公司在不同的国家和地区开展业务时，严格遵守当地法律法规和监管要求，规避经营风险。同时，公司加强与当地政府和监管机构的沟通与合作，及时了解法律法规和监管政策的变化，确保资本运作的合规性。

在具体操作层面，中江国际注重信息披露的合规性。公司按照相关法律法规的要求，及时、准确、完整地披露财务状况、重大经营活动等信息。同时，公司加强内部控制和风险管理，确保资金流向的透明和合规。

通过一系列合规管理措施的实施，中江国际在资本运作过程中取得了显著成效。公司成功规避了多项潜在的法律风险和市场不确定性因素，确保了企业资源的合理配置和有效利用。同时，公司凭借良好的合规形象和信誉赢得了投资者、客户和合作伙伴的广泛信任与尊重。在国内外市场上，中江国际的品牌价值显著提升，为企业的持续稳健发展奠定了坚实的基础。

审核法律尽调报告

任何资本运作活动都伴随着复杂的法律风险和合规挑战。因此，深入而细致的法律尽职调查（以下简称"法律尽调"）及其报告的审核显得尤为重要。

法律尽调是通过对目标企业或交易对象的法律地位、经营状况、合同条款、知识产权、诉讼纠纷等多方面的全面调查，揭示其中可能存在的法律风险。这些风险若未能及时发现并妥善处理，可能对资本运作的顺利进行乃至企业的整体发展造成严重影响。

法律尽调报告是投资者或管理层进行决策的重要依据。通过详尽的分析和评估，报告能够明确目标企业或交易对象的价值与风险，帮助决策者权衡利弊，做出更加科学合理的决策。

资本运作涉及诸多法律法规的遵守和执行。法律尽调不仅能够帮助企业发现潜在的法律风险，还能够促进企业加强合规管理，规范经营行为，避免因违法违规行为而引发的法律纠纷和损失。

法律尽调报告应涵盖目标企业或交易对象的所有重要法律方面，包括但不限于公司设立与变更、股东结构、公司治理、资产与负债、合同与业务往来、知识产权、诉讼与仲裁等。审核时需关注报告是否全面覆盖了这些方面，并对各项内容进行准确、客观的描述和分析。

法律尽调报告应明确指出存在的法律风险及其可能带来的后果，包括经济损失、声誉损害、法律责任等。审核时需对报告中的风险评估进行细致分析，判断其是否合理、充分，并评估风险发生的可能性和严重程度，以便制定相应的应对措施。

法律尽调报告还应关注目标企业或交易对象的法律合规性，包括是否遵守相关法律法规、是否存在违法违规行为等。审核时重点查看报告中的合规性评估部分，并结合实际情况判断其是否准确可靠。

最后，法律尽调报告所依据的数据和证据材料，是评估其真实性和可靠性的重要依据。审核时需仔细核实数据来源的合法性和可靠性，并查阅相关证据材料，以验证报告中的陈述和结论是否真实有效。

A集团计划通过资本运作的方式并购一家具有核心竞争力的科技企业（以下简称"目标公司"）。为确保并购活动的顺利进行和降低法律风险，A集团委托律师事务所对目标公司进行了全面的法律尽职调查，并形成了详细的法律尽调报告。

A集团高度重视此次并购活动的法律尽调报告审核工作，特别组建了由法务部门、并购团队和外部法律顾问共同组成的专业审核团队。团队成员具有丰富的法律专业知识和实践经验，能够全面、准确地评估报告中的各项内容。

审核团队制订出详细的审核计划，明确了审核目标、范围、方法和时间节点。计划中详细列出了需要审核的报告章节、重点关注的法律问题和风险点，并制定了相应的审核标准和流程。

审核团队按照审核计划逐项审核了法律尽调报告的内容。在审核过程中，团队重点关注了以下几个方面：

（1）公司基本情况：审核了目标公司的历史沿革、股权结构、治理结构等基本情况是否清晰准确。

（2）资产与负债：核查了目标公司的资产清单、负债情况及其真实性、合法性。

（3）合同与业务往来：审查了目标公司的主要合同和业务往来是否合法合规，是否存在潜在的法律风险。

（4）知识产权：评估了目标公司的知识产权状况及其权属是否清晰明确。

（5）诉讼与仲裁：调查了目标公司是否存在未决诉讼或仲裁案件，以及是否存在其他潜在的法律纠纷。

（6）合规性评估：分析了目标公司是否遵守相关法律法规及其合规管理水平。

在逐项审核报告内容的基础上，审核团队对发现的法律风险进行了评估并提出了相应的应对建议。针对不同类型的风险点，团队制定了详细的应对措施和预案，以确保并购活动的顺利进行和降低法律风险。

通过全面、细致、专业、严格的法律尽调报告审核工作，A集团不仅全面了解了目标公司的法律状况和风险点，还为后续的并购决策提供了坚实的法律基础。

企业必须及时发现并评估潜在的法律风险，才能为决策提供科学依据，确保资本运作的顺利进行。因此，企业应高度重视法律尽调报告的审核工作，建立完善的审核机制和流程，确保审核结果的准确性和可靠性。

审核、拟定交易协议

资本运作作为企业战略发展的重要手段，其成功与否往往取决于交易过程中各个环节的精细管理，尤其是交易协议的审核与拟定。一份严谨、全面、公平的交易协议，不仅是双方权益的保障，也是确保交易顺利进行和后续合作稳定的基础。

交易协议是买卖双方就交易事项达成一致意见后所签订的书面文件，明确规定了双方的权利、义务、交易条件、履行方式、违约责任等关键条款。通过签署协议，双方能够清晰地了解自己在交易中的角色和责任，减少因信息不对称或理解偏差而产生的纠纷。

在资本运作过程中，涉及的资金量往往巨大，交易结构复杂，潜在的风险因素众多。一份完善的交易协议能够针对这些风险点制定相应的防范措施和应对方案，从而有效保障交易的安全性和交易的顺利进行。

因此，交易协议不仅是双方权益的保障，也是双方合作意愿和共同目标的体现。通过协商和谈判，双方可以在协议中明确各自的优势和资源，探讨合作的可能性和前景，进而促进双方之间的合作与共赢。

交易协议的拟定流程一共有五步，审核要点则需要从以下四个方面进行（见图12-1）。

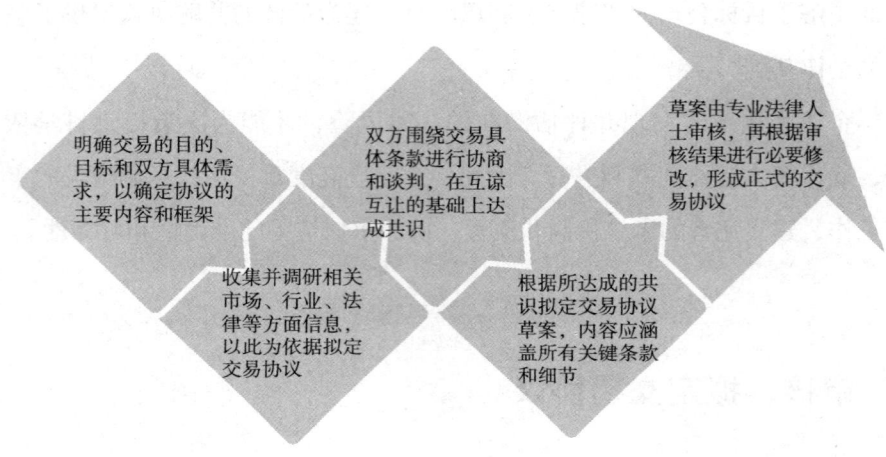

图12-1 交易协议的拟定流程

流程步骤：
- 明确交易的目的、目标和双方具体需求，以确定协议的主要内容和框架
- 收集并调研相关市场、行业、法律等方面信息，以此为依据拟定交易协议
- 双方围绕交易具体条款进行协商和谈判，在互谅互让的基础上达成共识
- 根据所达成的共识拟定交易协议草案，内容应涵盖所有关键条款和细节
- 草案由专业法律人士审核，再根据审核结果进行必要修改，形成正式的交易协议

首先是法律合规性（第一步）。交易协议必须符合国家法律法规的规定，不得违反强制性法律规范。在审核过程中，需要重点关注协议条款是否合法、有效，是否存在违反公平、公正原则的内容，以及是否需要履行特定的审批或备案程序等。

其次是交易结构合理性（第二、三步）。交易协议应清晰描述交易的结构和流程，包括交易标的、交易价格、支付方式、履行期限等关键要素。在审核过程中，需要评估交易结构的合理性和可行性，确保交易能够按照既定计划顺利进行。

再次是风险防控措施（第四步）。针对交易中可能出现的风险因素，交易协议应制定相应的防控措施和应对方案。审核时需要关注协议中是否涵盖了所有潜在的风险点，以及这些措施是否充分、有效。

最后是条款的明确性与可操作性（第五步）。交易协议的条款应表述清晰、明确，避免模糊、歧义或容易产生误解的表述。同时，条款应具有可操作性，即双方能够按照协议规定履行各自的义务，并能够在发生争议时依据协议内容进行解决。

B集团决定通过并购一家具有核心技术的初创企业（以下简称"被并购方"）增强自身竞争力。为确保并购交易的顺利进行和双方权益的保障，B集团与被并购方协商并拟定了详细的并购交易协议。

在并购交易初期，B集团对被并购方的业务、技术、市场等方面进行了深入的调研和分析。通过评估被并购方的价值和潜力，集团明确了此次并购的目的和目标：即通过获取被并购方的核心技术和市场份额，提升自身的竞争力和盈利能力。

为了确保并购交易的合法性和合规性，B集团对被并购方的法律、财务、税务等方面的信息进行了全面的收集和调研。同时，还关注了行业发展趋势、政策法规变化等外部因素对并购交易可能产生的影响。

在调研分析与信息收集的基础上，B集团与被并购方就并购的具体条款进行了多轮协商与谈判。双方就交易价格、支付方式、股权结构、经营管理权、员工安置、知识产权归属、保密协议、违约责任等关键条款进行了深入探讨，力求达成双赢的局面。

经过协商与谈判，双方初步确定了并购交易协议的主要内容和框架。随后，B集团法务部门与外部法律顾问紧密合作，根据双方达成的共识和协商结果，拟定了并购交易协议的草案。草案中详细列出了各项条款，包括但不限于：

（1）交易价格与支付方式：明确了并购交易的总价款、支付时间表、支付方式（如现金支付、股权置换等）及可能的分期付款条件。

（2）股权交割：规定了股权转让的具体步骤、时间表、所需文件及审批流程，确保股权变更的合法性和有效性。

（3）经营管理权：明确了并购后公司的治理结构、管理层人选、决策机制等，以保障并购方对被并购方的有效控制和管理。

（4）员工安置：制订了员工安置方案，包括劳动关系转移、薪酬福利调整、员工激励政策等，以维护员工权益和企业稳定。

（5）知识产权归属：确认了被并购方所有知识产权（如专利、商标、著作权等）的归属权，保证并购方能够合法拥有和利用这些核心资产。

（6）保密协议：规定了双方在交易过程中及交易完成后对敏感信息的保密义务，防止商业秘密泄露。

（7）违约责任：详细列举了违约情形及相应的违约责任和赔偿方式，以约束双方行为并保障协议执行。

……

草案拟定后，B集团法务部门与外部法律顾问对协议进行了严格的法律审核。审核过程中重点关注了协议的合法性、合规性、条款的明确性和可操作性等方面。针对审核中发现的问题和不足之处，双方再次进行了沟通和修改，确保协议内容完善、准确无误。最终，经过多轮修订和完善，双方共同签署了正式的并购交易协议。

最终，B集团与被并购方成功签订了一份全面、公平、合理的并购交易协议。该协议的签署为并购交易的顺利进行提供了有力保障，为双方未来的合作与发展奠定了坚实的基础。

由以上阐述可以看出，资本运作中的交易协议审核与拟定是一项复杂而重要的工作。通过严谨的流程、专业的知识和双方的共同努力，可以确保交易协议的合法性、合规性和有效性，为资本运作的成功实施提供必要且有力的保障。

维护知识产权不受侵犯

在全球性竞争日益激烈的今天,企业之间的竞争已不仅仅是产品和市场的争夺,而是更深入知识产权的角力之中。知识产权作为企业的核心资产之一,不仅关乎企业的技术创新能力和市场竞争力,更是企业在资本运作过程中实现价值最大化的重要保障(见图12-2)。本文从资本运作的视角出发,探讨如何有效维护知识产权不受侵犯。

01 提升企业价值
专利、商标、著作权等知识产权不仅代表了企业的技术创新成果和品牌影响力,还能够在资本市场上为企业赢得更高的估值和投资者的青睐

02 保障竞争优势
通过保护知识产权,企业能够防止竞争对手模仿和抄袭,在坚实的竞争壁垒保护下,保持自身在技术、品牌等方面的领先地位

03 促进资本运作
拥有丰富知识产权的企业更容易吸引投资者的关注和支持,实现资本的高效运作和企业的快速发展

图12-2 知识产权在资本运作中的重要性

企业需要及时对新技术、新产品进行专利申请和商标注册,确保技术成果的独占权和品牌标识的合法性;同时,还需对软件、设计、作品等著作权进行登记,明确权利归属,以方便日后必要的维权。

企业也需成立专门的知识产权管理部门或指定专人负责知识产权事务,制定和完善知识产权管理制度。制度应涵盖知识产权的申请、维护、使用、转让、许可、保护等方面的规定。

企业还需要定期对员工进行知识产权保护培训，提高员工的知识产权保护意识和能力。通过内部宣传和教育活动，让员工了解知识产权的重要性和相关法律法规，自觉遵守知识产权管理制度，防止泄密和侵权行为的发生。

与上述三步同时进行的，是企业必须定期对市场进行知识产权监测，及时发现侵权行为，并采取适当的法律手段进行维权。具体的维权方式如发送警告函、提起诉讼等，对侵权行为进行严厉打击，维护企业的合法权益。

最后，企业应利用数字化、区块链等新技术手段加强知识产权的保护。通过数字化管理提高知识产权的管理效率；利用区块链技术确保权利信息的不可篡改性；通过智能合约等技术手段，实现知识产权的自动化管理和维权。

高新技术企业C，近年来在新能源汽车锂电池技术研发方面取得了显著成果。随着企业规模的扩大和市场份额的提升，C企业面临着日益严峻的知识产权保护的挑战。为有效维护知识产权不受侵犯，企业采取了一系列有力的措施并取得了显著成效。

首先，C企业高度重视知识产权的申请与注册工作，成立了知识产权管理部门负责新技术、新产品的专利申请和商标注册工作。知识产权管理部门还制定出一系列完善的知识产权管理制度，包括知识产权的申请、维护、使用、转让、许可、保护等方面的规定，明确了各部门的职责和权限，规范了知识产权管理流程和工作标准。知识产权部门还通过内部宣传和教育活动，让员工认识到自身在知识产权保护中的责任和使命，自觉遵守知识产权管理制度和规定。

其次，C企业建立了完善的市场监测和维权机制，定期对同行业企业进行知识产权监测和分析，及时发现侵权行为。针对发现的侵权行为，C

企业采取积极的法律手段进行维权和打击,强力维护自身的合法权益和品牌形象。

此外,C企业也积极探索利用科技手段加强知识产权的保护。结合了数字化管理系统、区块链技术和智能合约等技术手段,提高了知识产权管理的效率和准确性,为企业应对知识产权挑战提供了有力支持。

通过一系列有力的知识产权保护措施,C企业不仅在知识产权保护方面取得了显著成效,在技术创新能力和市场竞争力方面也得到了进一步提升。

知识产权是企业在资本运作过程中不可或缺的核心资产。因此,企业必须具有高瞻远瞩的战略眼光和长远规划,从一开始就认识到知识产权是企业发展的核心驱动力,将知识产权工作纳入企业的整体发展战略之中。倡导尊重知识产权、鼓励创新的企业文化,将知识产权保护视为每一位企业成员的责任和使命。

未来,随着全球化的深入和科技的进步,知识产权保护将面临更多新的挑战和机遇。企业需要不断创新和完善知识产权保护策略和方法,积极应对各种知识产权挑战和风险。同时,政府和社会各界也应加强对知识产权保护的重视和支持力度,共同营造一个良好的知识产权保护环境,推动我国经济的高质量发展。

建立争议解决机制

资本市场中的交易往往涉及巨额资金和复杂的利益关系,一旦发生争议,若不能得到及时、有效的解决,将严重损害企业的合法权益。因此,建立健全争议解决机制,对于保护企业利益至关重要。而有效的争议解决机制，能够迅速化解市场中的矛盾与冲突，避免争议升级，能够保护企业的合法权益，促进市场健康稳定发展。

争议解决机制不仅关注争议本身的处理，还注重争议解决后的合作与发展。通过合理的解决方案，为企业之间的未来合作奠定基础，促进企业的共同成长和市场的繁荣。

为了让争议解决机制的作用发挥到最大，促进企业资本的有效配置和市场的健康发展，增强投资者的信心，争议解决机制的构建必须遵循以下原则。

（1）公正性。所有争议方在解决矛盾冲突的过程中享有平等的权利和机会。

（2）效率性。资本市场中的争议往往具有紧迫性，因此争议解决机制必须注重效率。通过简化程序、缩短时间、降低成本等措施，确保争议能够得到及时、有效的解决。

（3）灵活性。争议的类型和复杂程度各不相同，因此争议解决机制应该根据不同争议的特点和需求，选择适当的解决方式，如协商、调解、仲裁或诉讼等。

（4）法治化。争议解决机制必须依法进行，遵循相关法律法规和程序规定，以确保解决结果的合法性和权威性。

D集团在多年的资本运作中遇到了不少争议和纠纷，经过多年摸索与实践，逐渐构建起了完善的争议解决机制。

D集团成立了争议解决部门，负责处理企业内外的各类争议和纠纷。该部门核心成员均为经验丰富的法律专业人士，具备处理复杂争议的能力和经验。

D集团根据实际发生的争议类型和复杂程度，采用多元化解决方式。对于较为简单的争议，通过协商或调解的方式迅速化解；对于复杂且难以协商解决的争议，则选择仲裁或诉讼的方式进行处理。

D集团十分注重内部管理制度的完善和执行，力争防范和减少争议的发生。同时，加强对员工的法律培训和教育，提高员工的法律意识和合规意识。

在处理复杂争议时，D集团积极引入外部法律、财务等领域的专家参与争议解决。这些专家具备丰富的专业知识和实践经验，能够为争议的解决提供有力的支持和帮助。

D集团在与某供应商的合作过程中，因合同履行问题产生了争议。为了尽快解决争议，集团与供应商进行了多次协商和谈判。在协商过程中，双方充分表达了自己的诉求和意见，并寻求了共同利益点。最终，在双方法务部门的协助下，达成了和解协议，解决了争议并继续了合作关系。

D集团在完成一项重要并购后，与某被并购企业在整合过程中产生了多个争议。这些争议涉及资产权属、人员安置、业务整合等多个方面。为了妥善解决这些争议，D集团选择了仲裁作为解决方式。在仲裁过程中，双方充分展示了证据和理由，仲裁机构根据事实和法律规定作出了公正的裁决。裁决结果得到了双方的认可和执行，有效保障了并购后整合的顺利进行。

通过以上对D集团构建争议解决机制的阐述及相关案例的阐述，可以看到D集团借助完善的争议解决机制，成功解决了多起争议和纠纷，保障了企业的合法权益和经营成果。因此，企业应充分认识到争议解决机制在资本运作和企业经营中的重要性，积极构建和完善相关机制。每次争议解决后，及时总结经验和教训，分析争议产生的原因和解决方案的有效性，不断完善争议解决机制，提高应对未来争议的能力。

总而言之，资本运作中的争议解决机制是企业健康发展的重要保障。通过构建和完善争议解决机制，企业可以有效保护自身权益、维护市场秩序、促进合作与发展。同时，政府、行业协会等各方也应共同努力，加强法律法规建设、推动仲裁机构发展、建立行业自律机制、加强国际合作与交流，以及强化信息披露与透明度等方面的工作，为资本市场的健康发展提供有力支持。